R. DE SOUHESMES

DU TIROL

A DALMATIE

R. de SOUHESMES

DU TIROL
A LA DALMATIE

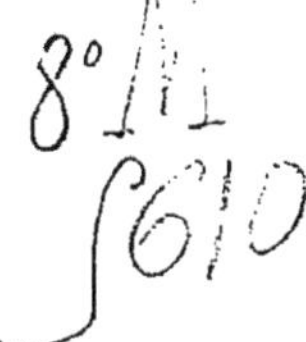

DU TIROL A LA DALMATIE

Aujourd'hui les voyageurs ne se contentent plus des itinéraires tout faits, ils aiment à sortir des sentiers battus et à s'imaginer ainsi qu'ils ont découvert quelque chose. C'est à ce titre que je signale les merveilleuses dolomies de l'Ampezzo, à peine connues chez nous de quelques géologues, et la Dalmatie où l'on peut voyager pendant des semaines entières sans rencontrer un seul Anglais.

I

L'ŒTZTHAL.

Nous sommes arrivés à Feldkirch à dix
heures du soir, par une pluie battante. Toutes
les maisons étaient closes, et les lanternes
accrochées aux coins des rues reflétaient tristement leur pâle clarté dans de larges flaques
d'eau. Je ne sais comment nous aurions trouvé
un gîte, si un passant charitable, qui égrénait
dévotement son chapelet, ne fût venu à notre
aide.

Le lendemain, Feldkirch nous apparut
comme une petite ville proprette, environnée
de hautes montagnes, égayée par une foule de
clochers que domine un respectable château,
dont il ne reste plus guère aujourd'hui qu'une

grosse tour et quelques pans de murs. —
Bien que démantelé, Feldkirch formera toujours une forteresse naturelle: d'où que l'on
vienne, on ne peut y pénétrer qu'en suivant
un des défilés étroits et profonds que l'Ill est
parvenu à creuser dans les grandes roches
calcaires formant une ceinture autour de la
ville. La passe supérieure dans laquelle s'engage le chemin de fer, présente deux murs de
rochers, coupés net par le torrent qui bondit
au fond du lit qu'il s'est creusé.

Bientôt, le défilé s'élargit et la vallée s'ouvre toute bordée de sapins et de rochers;
voici Bludenz où le chemin de fer s'arrêtait
il y a quelques années : des ponts d'une har-
diesse étonnante succèdent à des viaducs
d'une prodigieuse hauteur, mais le travail
d'art dont les Autrichiens sont le plus fiers,
c'est le tunnel de l'Arlberg. Il a plus de dix
kilomètres de long, et le train met vingt-deux
minutes à le traverser. Avant d'arriver à
Pians, il faut signaler encore un admirable
point de vue : à droite, le rocher est fendu
dans toute sa hauteur, un torrent court au
fond de cette crevasse sauvage que le chemin
de fer traverse sur un pont de deux cent
soixante pieds de haut, tandis qu'un vieux
château en ruines, le Wiesberg, perché en

face sur une pointe de rocher, complète l'effet de ce paysage, un des plus grandioses que l'on puisse voir. Enfin, nous voici à Œtzthal.

Œtzthal se compose de la gare et d'un hôtel : la station a pris le nom de la vallée qui vient déboucher ici dans celle de l'Inn. La route, d'abord peu intéressante, traverse une forêt où les habitants nous ont donné une véritable représentation théâtrale : des groupes de paysans défilaient sous les sapins, se dirigeant vers Innsbruck où devait avoir lieu, le lendemain, le grand concours de tir, en présence de l'empereur.

Il faut voir comme les figures s'animent, comme les yeux brillent, quand ces gens-là parlent de leur *Kaiser*. Lors du grand soulèvement de 1809, le gouvernement autrichien avait envoyé dans la montagne un officier pour diriger le mouvement ; le bruit se répandit dans les chalets que l'empereur en personne était arrivé. A cette nouvelle, les paysans accourent de toutes parts, les uns s'agenouillent devant l'officier, d'autres baisent les basques de son habit, et le pauvre homme eut grand peine à se dérober à ces manifestations par trop démonstratives.

L'enthousiasme des Tirollens ne s'est pas refroidi ; pour voir l'empereur, ils arrivent

en bandes du fond du Vorarlberg, et l'Œtzthal entier s'est donné rendez-vous à Innsbruck. Les montagnards ont pour la circonstance sorti les habits de fêtes, les larges cha-
peaux verts ou jaunes surmontés d'une longue
plume blanche, la veste à revers écarlates
s'entr'ouvrant pour laisser voir le gilet rouge
et la ceinture de cuir richement brodée. La
carabine fièrement jetée sur l'épaule, les ti-
reurs passent en nous saluant d'un joyeux
iodel : c'est un décor du *Chalet*.

Nous arrivons ainsi à Œtz, qui a donné
son nom à la vallée arrosée par l'Ache que
nous allons remonter jusqu'à sa source.
Paysages grandioses, mœurs d'une simplicité
primitive, tout concourt à rendre cette vallée
l'une des plus curieuses du Tirol. Chaque
village possède son champ de tir et le plus
modeste sentier est jalonné de chapelles, de
christ ou d'ex-voto, dûs au pinceau rustique
de quelque italien de passage.

Bientôt on aperçoit un grand rocher qui
s'élève tout droit, nu et triste, au-dessus de
la vallée : on l'appelle la Muraille de l'ange.
Naturellement, ce rocher a sa légende. On raconte qu'il y a bien longtemps, vivait dans le
pays un haut baron, le sire de Hirschberg ;
c'était un puissant seigneur, ses hommes

d'armes étaient nombreux, ses forêts immen
ses et son château imprenable. Cependant le
sire de Hirschberg était plus malheureux que
le dernier de ses vassaux : sa femme, ses enfants avaient été enlevés, les uns après les
autres, par une maladie mystérieuse qui ne
lui avait laissé qu'un fils, encore au berceau.
Tout ce qu'il y avait d'affection dans le cœur
du vieux baron, s'était reporté sur le dernier
héritier de sa race. Un jour, un aigle, planant
au-dessus du château, aperçoit l'enfant, fond
sur lui, le saisit entre ses serres puissantes et
l'enlève jusque dans son aire, au plus haut du
rocher. Fou de douleur, le sire de Hirschberg
suppliait le Ciel de faire un miracle pour lui
rendre son fils ; lorsque soudain on vit un
ange descendre des nues, tenant dans ses bras
l'enfant endormi. Depuis lors, le rocher merveilleux ne s'appelle plus que la Muraille de
l'Ange.

Trois heures de marche conduisent à Umhausen, petit village qui n'offre pas autrement
d'intérêt. L'église, comme toutes celles de la
vallée, est décorée avec plus de richesse que
de goût ; mais, à trois quarts d'heure d'ici, il
faut aller voir une cascade célèbre, la « chute
poussiéreuse. » Après avoir pataugé dans des
prairies coupées de rigoles d'irrigation, on

finit par atteindre un bois de mélèzes, et on
ne tarde pas à apercevoir derrière le feuillage,
une vapeur blanche qui annonce la chute.
Celle-ci se précipite d'une hauteur de 150
mètres, en deux bonds énormes, soulevant des
nuages d'écume, et si un arc-en-ciel vient iri-
ser la poussière argentée qui monte perpétuellement vers le ciel, la cascade de Stuiben
ne paraîtra pas indigne de la réputation qu'on
lui a faite.

Au sortir de Umhausen, la route longe le
torrent dans une gorge étroite, au milieu des
sapins et des blocs de rocher qui se sont déta-
chés des sommets. Cette partie de la vallée
est souvent ravagée par les avalanches, et le
flanc des montagnes porte la trace des glisse-
ments énormes qui ont comblé le lit du torrent en causant de terribles inondations. Peu
à peu cependant la vallée s'élargit ; au milieu
de vastes pâturages, surgit tout à coup la flèche élancée de l'église de Lœngenfeld, qui
porte la date de 1682 ; comme toujours, beaucoup de peintures à l'extérieur et de dorures
à l'intérieur, mais pas de bénitier : il est
remplacé par un chaudron accroché devant la
porte.

Pour se garer des débordements de l'Ache,
les habitants de Lœngenfeld n'ont trouvé rien

de mieux que d'emprisonner le torrent entre deux hautes murailles assez épaisses pour résister à tous ses assauts. Quant à leurs chemins, ce sont de vrais casse-cou, et les innombrables souvenirs mortuaires que l'on rencontre ne sont pas faits pour rassurer le voyageur, d'autant plus que les voitures sont des façons de carrioles munies d'une flèche et tirées par un cheval attelé de côté. Nous voilà donc partis dans cet équipage boîteux, tantôt suspendus au-dessus du torrent, tantôt longeant des ravins où nous pensons verser à chaque pas. Nous finissons cependant par atteindre Soelden et l'*Alpenverein*. Comme dans toutes les auberges de la vallée, on voit, accrochés côte à côte au mur de la salle à manger, un grand crucifix et une guitare ; mais, ce que nous n'avions encore remarqué nulle part, c'est la carte d'un avocat d'Innsbruck, informant les habitants qu'il sera à Imst tel jour, à telle heure, et qu'il se tiendra à telle auberge, pour donner ses consultations. — Pas fiers, les avocats tiroliens !

A partir de Soelden, on ne trouve plus qu'un étroit sentier, roide, pénible même à certains endroits ; mais il conduit au sommet d'une des plus étonnantes crevasses que j'aie jamais vues. Comme toujours, ce sont deux murailles de rochers, quelques sapins jetés au-dessus de l'abîme, et dans le fond, un torrent plus ou moins écumeux ; mais ici, le précipice est véritablement effrayant. De là, on n'a plus qu'à descendre sur Zwieselstein où l'Œtzthal bifurque : à gauche, le sentier conduit à Obergugl, le village le plus élevé de tout le Tirol ; à droite, il mène à Fend, où nous allons nous rendre.

En 1717, dans un de ces terribles débordements de glace qui ont rendu ce massif tristement célèbre, les eaux arrêtées dans leur cours s'amassèrent au-dessus d'Obergugl, menaçant d'emporter le village dès que ce barrage improvisé viendrait à se rompre. Malgré l'imminence du danger, les habitants ne voulurent pas abandonner leurs maisons et tous les samedis, le curé allait célébrer la messe sur un rocher, le Steinertisch, qui avançait au milieu des glaces. Cependant, les eaux montaient encore, et la digue fondante semblait prête à céder sous leur poids, quand un craquement formidable ébranla toute la masse du glacier : les habitants crurent que c'en était fait d'eux. Quelle ne fut pas leur joie, quand ils s'aperçurent que les eaux s'écoulaient lentement : une fissure s'était produite dans la muraille de glace, et Obergugl était sauvé.

De Zwieselstein à Fend, le sentier est peu intéressant; à mi-chemin, s'élève toute blanche l'église d'Heilig-Kreuz, que l'on aperçoit de fort loin, mais que semble reculer à mesure que l'on approche. Le chemin longe le cours de l'Ache qui se précipite avec une telle violence qu'on entend une sorte de roulement continu, semblable au bruit d'une fusillade lointaine : ce sont les pierres entraînées par l'eau qui s'entrechoquent dans le lit du torrent. Après six heures d'une montée assez pénible, puisque, depuis Soelden, nous nous sommes élevés de cinq cents mètres, voici Fend, hameau absolument primitif, si primitif même, que le curé a dû se faire aubergiste.

Le presbytère est disposé pour recevoir les étrangers : à gauche, une chambre où les paysans du village viennent boire avec les guides, à droite la salle à manger, ornée de la guitare et du crucifix traditionnels. Le curé de Fend, M. Gritsch, est un fort aimable homme qui passe alternativement de la cigarette légère à la forte pipe en fayence. Nous nous sommes permis de l'*interwiever* dans un idiome bizarre, audacieux mélange de latin de cuisine et de bas allemand, où les lois les plus sacrées de la syntaxe étaient ouvertement violées :

— Comment faites-vous, Monsieur le curé, pour ne pas mourir d'ennui dans votre paroisse ?

— En été, la vie est très supportable : je reçois la visite des étrangers ; avec eux j'apprends quelques nouvelles et je puis échanger quelques pensées ; parfois même, une lettre ou un journal parvient jusqu'ici !

— Mais en hiver ?

— Ah ! je vous avoue que Fend n'est pas absolument gai pendant l'hiver : à partir d'octobre, il fait un froid terrible, la neige intercepte toute communication, et jusqu'au mois de juin, nous vivons complètement séparés du reste de la terre. Pendant huit mois, la moitié du monde peut disparaître, sans que nous nous en doutions.

— Que pouvez-vous bien faire pendant tout ce temps ?

— Ce ne sont pas les occupations qui me manquent : j'ai d'abord mes quarante paroissiens, ensuite j'ai mes cinq élèves, car, comme bien vous pensez, je suis le maître d'école de ma paroisse, comme j'en suis le maire, le médecin, le juge de paix, le notaire et le pharmacien ; j'en suis même l'aubergiste, comme vous voyez, et cela au grand déplaisir de notre évêque, qui nous a prescrit de déposer ces fonctions, dès que cela sera possible. Aussi, ne trouverez-vous plus d'auberge que chez deux ou trois de mes confrères.

— Hélas ! Monsieur le curé, si la dignité doit y gagner un peu, la couleur locale y perdra beaucoup.

Le lendemain, de bon matin, après avoir soldé l'addition entre les mains du sacristain, nous nous mettions en route pour le glacier de Hochjoch. Le sentier suit une crevasse profonde que le torrent a creusée dans le rocher, et il ne tarde pas à atteindre les fermes de Rofen, deux modestes chalets qui ont leur histoire. Au xv⁰ siècle, il n'y avait là qu'une misérable hutte habitée par un berger du nom de Ruzo ; une nuit, un voyageur richement vêtu vint frapper à la porte de la chaumière, Ruzo le reçut de son mieux, et pendant quelques jours, l'inconnu trouva un refuge dans cette retraite ignorée. Un jour cependant, l'étranger revint à Rofen, non plus en proscrit, mais en souverain : Frédéric IV avait vaincu ses ennemis et repris la couronne. En souvenir de l'hospitalité qu'il avait reçue, le comte accorda à Rofen le droit d'asile, et il l'exonéra à jamais de tout impôt ; il fallut la Révolution de 1849 pour détruire ce privilège quatre fois séculaire.

Après avoir longé une muraille de rocher où les guides ne manquent pas de signaler le monument élevé à la mémoire de l'un d'eux, Cyprien Granbichler, qui périt à cet endroit en 1868, on suit au milieu des moraines un sentier en corniche, dominant le ravin à une grande hauteur. En face, de l'autre côté du torrent, s'étend une vaste pente dénudée, couverte de grosses pierres roulantes : c'est l'ancien lit du glacier de Vernagt, qui est descendu plusieurs fois jusqu'au bord de l'Ache.

En trois siècles, dit Elisée Reclus, on a vu cinq fois ce glacier se gonfler comme un fleuve qui déborde, heurter ses glaces et ses moraines contre un rempart de montagnes placé en travers de son cours, se changer ainsi en glacier troncal, de glacier secondaire qu'il était, et s'écouler au nord, dans une vallée plus basse, en faisant refluer les eaux. Cinq fois aussi, on l'a vu se fondre graduellement et remonter en apparence vers les hauteurs. — Les plus grandes éruptions furent celles de 1677, de 1680 et de 1770 : chaque fois, les torrents sortis des glaciers de Hintereis et de Hochjoch, arrêtés par les glaces, formèrent un vaste lac auquel on donna même un nom le Rofensee, et lors de la rupture du barrage, cette masse d'eau causa, en s'écoulant, de terribles ravages. En 1772, les habitants de la ferme de Rofen, menacés d'un nouveau désastre, s'adressèrent à l'Empereur, demandant en toute hâte du secours pour percer le glacier. Savez-vous ce qu'on leur envoya de Vienne ? Un petit vilbrequin que les fermiers se sont transmis précieusement jusqu'à nos jours.

La dernière éruption du Vernagt eut lieu en 1845, la masse de glace avait deux cents mètres d'épaisseur, et elle avançait avec une telle vitesse qu'en un seul jour elle gagna de quarante-cinq mètres : on put la voir marcher à l'œil nu. — Depuis, lors, le glacier recule tous les ans, laissant derrière lui de grands espaces gris semés de moraines. En face, notre sentier monte toujours, il est coupé par un torrent que l'on franchit comme on peut, en sautant de pierre en pierre, et on arrive ainsi au Hochjoch-Hospiz, une pauvre auberge à 2.429 mètres d'altitude.

De tous côtés, ce ne sont que glaciers : en face l'Hintereis, à gauche le Hochjoch, dont les pentes escarpées descendent jusqu'au fond de la vallée, où l'Ache bondit sous une voûte de neige. Le Hochjoch est un glacier pour rire : nous avons vu des dames le traverser en traîneau, et, si notre guide est armé d'un piolet, c'est uniquement; pour la forme. Voici d'inoffensives crevassés d'une transparence merveilleuse ; mais une particularité du Hochjoch c'est la quantité de petites rigoles qui le sillonnent en tous sens, et forment parfois de véritables ruisseaux courant sur la glace. Il faut deux heures pour le traverser et atteindre un mauvais sentier poussiéreux, conduisant à Kurzras, auberge qui compte sur sa situation pittoresque, à la naissance du Schnalserthal, pour faire excuser sa cuisine. La descente sur Unser-Frau se fait au milieu des pâturages et des bois de mélèzes tout peuplés d'écureuils. Signalons, au passage, une coutume que nous n'avions encore observée qu'en Norwège : pour mettre la montagne en communication avec la vallée, les habitants tendent de l'une à l'autre d'immenses fils de fer, le long desquels ils font glisser leurs envois.

Unser-Frau est un assez joli village qui tire son nom d'une statue miraculeuse de la Vierge. A partir d'ici, le Schnalserthal se resserre et le torrent s'anime, au point que les habitants ont dû solidifier ses rives à l'aide de lourds chevalets. Çà et là, de vieux chalets brunis par le temps étagent leurs balcons délabrés, et on arrive ainsi à un éboulement

formidable qui s'est produit à l'entrée du
Pfossenthal : c'est une montagne entière qui a
glissé dans la vallée, entraînant avec elle une
forêts de sapins.

En face, sur la hauteur, voici la chartreuse
de Carthaus, fondée en 1326 et abandonnée
depuis 1782. Des anciennes constructions de
l'abbaye, il ne reste plus que la chapelle et
quelques vieux murs percés d'ouvertures gothiques ; une auberge et quelques maisons se
sont élevées auprès de ces ruines, et la chapelle de l'ancien couvent est devenue l'église
du nouveau village. Elle est desservie par un
vénérable curé que vous rendrez bien heureux
si vous lui parlez de la *Sainte famille* d'Hef-
fenrieder, qui orne son église. De Carthaus,
un sentier à pic descend jusqu'au fond de la
vallée, au pied d'un rocher fantastique éle-
vant dans les nues, à une hauteur incroyable,
le clocher de Sainte-Catherine.

Plus on approche de la sortie du Schnalserthal, plus la vallée devient pittoresque.
C'est une coquette qui redouble de séductions,
au moment où on va la quitter : torrent, rochers éboulés, vieux château en ruine, tout
est réuni pour laisser de cette fraîche vallée
un souvenir d'autant plus agréable, qu'en dé-
bouchant dans la vallée de l'Adige, on tombe

sans transition en pleine nature italienne. L'air est brûlant, les champs sont calcinés et les ruines étagées sur le flanc des collines ont déjà leurs créneaux entaillés à la lombarde.

II

DE MÉRAN A FRANZENSFESTE

Une ville de poitrinaires. — Le château de Schœnnà. —
— Vallée de l'Eisak. — La religieuse de Seben. — Un
évêque à cheval.

Les montagnes qui entourent Méran présentent des cîmes déchiquetées, et leurs sommets encore couverts de neige contrastent
avec leurs flancs, plantés de vignes et parse-
més de châteaux. Ces montagnes forment un
cirque grandiose autour de la Nice allemande,
car tel est le surnom de Méran qui n'est pas
indigne de cet honneur. La chaleur est écrasante dans ces larges rues inondées de soleil,
et il faut se résigner à chercher un refuge
sous les arcades peu odorantes de Unter den
Lauben. La ville vieille, avec ses ruelles
étroites, est à peu près habitable, quant à la
ville neuve, ses habitants sont forcés d'émi-
grer pendant l'été. Là, sur dix maisons, il y a
cinq hôtels ou pensions : dès l'automne, les

cures de raisins attirent à Méran une foule d'é-
trangers ; aux premiers froids, ce sont les
poitrinaires qui arrivent ; beaucoup de Russes,
quelques Français, quantité d'Anglais et
d'Allemands. Pour les retenir jusqu'au prin-
temps, les médecins ont inventé les cures de
petit lait ; mais, à partir du mois de juin, la
ville ne présente plus que des rues désertes.
Les sommeliers majestueux errent tristement
dans les grands hôtels vides, et le service est
tellement désorganisé, que l'on peut à peine
se faire servir à dîner à l'*hôtel de Habsbourg*,
un vaste palais où nous étions tout seuls.

Méran est environné de vieux châteaux, on
en compte au moins une vingtaine ; les plus
célèbres sont celui de Tirol qui a donné son
nom à tout le pays, et celui de Schœnna qui
appartenait autrefois aux comtes de Méranie.
— Sur la foi d'un gros livre écrit par un Monsieur qui jamais peut-être n'a mis le pied en
Tirol, nous nous sommes décidés pour
Schœnna, alléchés par une description des
plus séduisantes. La montée par le Lazags-
teig est pénible, il fait une chaleur écrasante,
et les lézards eux-mêmes recherchent l'ombre.
Nous finissons cependant par atteindre le
sommet de la côte, mais le château féodal
pompeusement décrit se réduit à une sorte de

caserne carrée, couverte d'un vulgaire toit rouge. Pas une tour, pas un créneau, pas un machicoulis ; sous le porche, deux petites couleuvrines de 1797, à l'intérieur, quelques armures, et voilà tout. La vue, sans doute, est magnifique ; mais si jamais vous allez à Méran pendant l'été, ne montez pas à Schœnna à trois heures de l'après-midi.

Depuis peu, Méran est relié à la grande ligne du Brenner par un chemin de fer peu coûteux : on s'est contenté de poser des rails sur la digue qui suit la rive gauche de l'Adige. A Bozen, dont nous avons parlé ailleurs (1), on prend la vallée de l'Eisak, toute bordée de vieux manoirs encore habités ; voici Trostburg, avec son antique donjon et ses vieilles murailles flanquées de tours et toutes hérissées d'échauguettes et de poivrières.

La voie entre bientôt dans la « cluse » de Klausen, dont les parois n'ont pas moins de 525 pieds de hauteur ; c'est une sorte de tranchée naturelle taillée dans l'épaisseur des Alpes, et elle a joué un rôle considérable dans l'histoire des nombreuses invasions qui sont passées par le Brenner, pour descendre en Italie. Au plus étroit du défilé, le village

(1) *Un tour dans les Grisons, le Tirol et la Haute-Italie.* — (*Le Contemporain*, Décembre 1882).

allonge son unique rue encore resserrée par l'Eisak, mais ce qui donne à ce passage un cachet tout particulier, ce sont les deux vastes constructions qui se dressent au sommet du rocher, suspendues au-dessus du précipice dont Klausen occupe le fond. L'une est un couvent de capucins, l'autre est passée par les fortunes les plus diverses : successivement forteresse rhétienne, camp romain, palais épiscopal, puis château féodal, Seben est aujourd'hui une abbaye de bénédictines. Sur une de ses tours, on remarque un Christ gigantesque peint sur la muraille; il rappelle un épisode de l'invasion franco-bavaroise, en 1809. Les vainqueurs, et particulièrement les Bavarois, commirent ici toutes sortes d'atrocités, dont le souvenir est encore vivant dans le pays; le trait suivant est un de leurs moindres méfaits.

En entrant à Seben, les soldats trouvèrent l'abbaye vide; seule, une Religieuse n'avait pas eu le temps de prendre la fuite. A la vue des uniformes, la pauvre sœur affolée se sauve de chambre en chambre, mais, arrivée à l'extrémité des bâtiments, dans une pièce sans issue, entendant la porte céder sous les coups, la religieuse enjambe la fenêtre et se jette dans le précipice, préférant la mort au

deshonneur. — Par une coïncidence singulière, ce fut un moine du couvent voisin, Haspinger, le terrible capucin Barbe-Rousse, qui
se chargea de la venger. N'est-ce pas lui qui
commandait, à Mittewald, cette poignée de
montagnards devant lesquels le maréchal
Lefebvre dut reculer, après avoir éprouvé des
pertes énormes?

Bientôt on arrive à Brixen, petite ville au
milieu de vertes prairies qui font ressortir la
blancheur de ses maisons. A ses nombreux
clochers, à son air calme et recueilli, il est
aisé de reconnaitre l'ancienne capitale d'une
principauté ecclésiastique qui, après neuf
siècles d'existence, fut sécularisée en 1803.
L'évêque de Brixen porte encore aujourd'hui
le titre de prince, mais ses fonctions ne sont
pas une sinécure : son diocèse, en effet, s'é-
tend jusqu'aux frontières de la Carinthie, dans
des régions très pittoresques, mais où les
communications ne sont pas faciles. Je me
souviens d'avoir un jour rencontré le vénérable prélat en tournée pastorale : c'était bien
loin d'ici, dans la vallée de Kals, au pied du
Glockner. Les bons paysans de Stanischka
avaient élevé en son honneur de modestes
arcs-de-triomphe, mais ils n'avaient pu lui
construire une route, et leur évêque chevau-

chait sur un mauvais bidet par des sentiers impraticables.

Mais voici une massive construction dont les murs blancs et les toits rouges tranchent vivement sur les montagnes boisées qui la dominent : c'est la forteresse de Franzensfeste qui commande à la fois le passage du Brenner et l'entrée du Pusterthal. La ligne qui conduit dans cette vallée passe au milieu du fort, on peut mesurer l'épaisseur des murailles, la profondeur des embrasures fermées par des fenêtres, et admirer l'art avec lequel on a su tirer parti de la nature ; la forteresse est entourée d'un précipice énorme, crevasse béante qui a six cents pieds de large, et que la voie franchit sur un pont de quatre-vingts mètres de haut.

III

L'AMPEZZO.

On a dit que le Pusterthal tirait son nom du dieu Puster, l'idole des Wendes, qui était représenté sous les traits d'un jeune homme agenouillé, la bouche entr'ouverte, la main droite posée sur la tête et percée d'un trou. La statue était creuse, les prêtres la remplissaient en partie d'eau, puis, ayant mis des bouchons aux deux ouvertures, ils plaçaient l'idole sur le feu. Une sueur se montrait bientôt sur toute la surface métallique, les bouchons étaient projetés au loin, et des jets de vapeur sortaient par les deux orifices. Il n'était que temps d'apaiser par des offrandes la divinité courroucée.

Le Pusterthal est assez curieux ; quelques châteaux, quelques couvents, viennent égayer les rives de la Rienz, et avant d'arriver à Bruneck, voici le débouché de la vallée d'Enneberg, dont les habitants parlent encore le ladin. Elle a été dévastée jadis par un éboulement formidable ; un jour, la montagne s'est fendue du sommet à la base, et deux villages ont été ensevelis sous ses ruines. Saint-Vigil est construit sur les blocs de rochers qui les recouvrent, mais il paraît que l'autre moitié de la montagne est toujours là, chancelante, menaçant de s'écrouler à son tour, et tous les soirs, la cloche sonnant le glas funèbre rappelle aux habitants le sort qui leur est peut-être réservé pour la nuit. C'est au plus illustre de nos géographes que j'emprunte cette histoire dramatique, plus romanesque peut-être qu'authentique, car Saint-Vigil est aujourd'hui un séjour d'été renommé, et les touristes ne s'y donneraient pas rendez-vous, s'ils avaient perpétuellement la crainte de voir une montagne s'écrouler sur leur tête.

Bruneck est bâti en demi-cercle autour d'une colline couronnée par un magnifique château féodal qui n'est plus aujourd'hui qu'une prison cellulaire. Le chemin de fer décrit lentement une vaste courbe autour de la ville, comme s'il tenait à la faire admirer plus longtemps, puis il conduit à Toblach, à l'entrée du Val d'Ampezzo, au pied même des fameuses roches dolomitiques.

C'est un passage d'Elisée Reclus qui nous a donné l'idée de les visiter. « Les plus étran- » ges et les plus belles des différentes Alpes, » dit le savant géographe, sont les montagnes » dolomitiques, aux parois verticales, aux » énormes tours ceintes de nuées, aux grandes » fissures d'où s'échappent les neiges blan- » ches contrastant avec les noires forêts de la » base ; quand le soleil du soir ou du matin » les éclaire, elles brillent comme du reflet » d'un immense incendie. » Jamais description n'a été plus laconique ni plus exacte. — Pour le géologue, les dolomies (ainsi nommées, soit dit en passant, en l'honneur d'un français, le Marquis de Dolomieu, qui le premier à déterminé leur composition) sont le résultat du mélange isomorphique du carbonate de chaux avec le carbonate de magnésie. Pour le simple touriste, ce sont des montagnes aux formes étranges, à la masse imposante ; presque toujours verticales, ces murailles de rochers affectent souvent la forme de forteresses gigantesques, où l'imagination voit des bastions et des créneaux.

L'entrée de la vallée rappelle celle du Romsdal, un des passages les plus grandioses de toute la Norwège ; d'un côté le pic aigu et toujours brillant de la « Roche suante », de l'autre d'énormes tours dentelées, les bastions de Durrenstein. Plus loin, en face de Landro, s'ouvre une étroite vallée fermée par une muraille supportant les « Trois Créneaux » ; en réalité, je n'en ai vu que deux, le troisième était perdu dans les nuages qui restent souvent accrochés à ces hauteurs, mais ces deux masses carrées, colossales , s'élevaient dans les airs, semblables aux tours de quelque cathédrale fantastique. On a voulu les mesurer, la plus élevée a 2,963 mètres : superposez par l'imagination vingt flèches de Strasbourg les unes au-dessus des autres et vous n'atteindrez pas encore à cette hauteur. Enfin lorsqu'on arrive au bord du petit lac de Durren, le paysage devient d'une rare beauté et l'on comprend la réputation que les Autrichiens lui ont faite. Ils ont reproduit cette vue par tous les procédés et sous toutes les formes, ils la mettent partout, sur les affiches comme sur la couverture des livres, et le Durrensee est devenu de la sorte

un paysage-réclame. Au dessus du lac et
se reflètant dans ses eaux vertes, se détache
nettement la masse énorme du Monte Cris-
tallo coupé à son milieu par une large fissure
où s'est formé un glacier ; des tours de rocher
flanquent son enceinte, d'où sort un formidable donjon montant dans les nuage à 3,260 m.
d'altitude. — Il faut voir les teintes que le
soleil couchant répand sur cet étonnant échaf-
faudage de neige et de rochers : ce sont des
tons roses, irisés, d'une délicatesse extrême
et d'une invraisemblance telle que les chromos
seules ont été assez hardies pour essayer de
les rendre.

Le hameau de Schluderbach est bâti dans
ce site merveilleux, c'est un séjour d'été aussi
fréquenté que Landro, et la réclame faite avec
la vue du Durrensee n'a pas été inutile.
L'affluence des étrangers a fait perdre à l'habitant de l'Ampezzo ses anciennes coutumes,
il n'a plus la franchise un peu rude, la cor-
diale simplicité du tirolien ; on sent déjà percer en lui le caractère italien, souple, obsé-
quieux, hypocrite. En oubliant ses vieux
usages, le paysan de l'Ampezzo a perdu sa
foi naïve : plus de calvaires, plus de madones,
plus d'ex-voto ; ceux qui survivent sont dans
un état qui fait pitié, et si la chapelle de

Schluderbach tient encore debout, c'est que l'aubergiste s'en est emparé pour faire une salle à manger.

Au soleil levant, les sommets présentent un singulier phénomène d'optique : la Croda Rossa découpe sur un ciel italien sa masse teintée de couleur orange et marbrée de grandes taches rouges, mais ses contours se dessinent si nettement que le rocher ne paraît pas avoir de consistance, on ne sent pas son épaisseur ; ce n'est plus une montagne, c'est un décor de théâtre.

La route poursuit, longeant des lacs, enjambant des torrents, lorsqu'au sortir d'Ospitale, on aperçoit dans la hauteur une ouverture naturelle, c'est un rocher percé à jour, laissant voir le ciel bleu au travers d'une lucarne gigantesque. Après avoir franchi une sorte de col, on descend brusquement dans la vallée de la Boite, pour arriver au Ponte Alto, jeté sur une crevasse étroite qui entaille profondément la montagne. Je serais bien étonné s'il n'y avait pas là quelque légende héroïque de géant ou de paladin ayant fendu le roc d'un coup de sa vaillante épée. — Le lit de la Boite, desséché, sablonneux, est parsemé de petits sapins, mais à la longue, la vallée paraîtrait monotone sous la variété et la richesse des couleurs répandues sur tous ces rochers : les uns sont bleus, les autres violets, en dépit de son nom, le Col Rosà est habillé de velours gris, tandis que l'étonnante muraille de Pomagagnon est franchement rose. Seulement, méfiez-vous de l'eau si fraîche et si pure des torrents ; le proverbe « perfide comme l'onde » n'a jamais été plus vrai que dans l'Ampezzo, car la magnésie des dolomites où ces torrents ont leur source, leur communique une vertu peu appréciée des tou ristes.

Cortina est un gros bourg, chef-lieu de la *magnîfica comunila d'Ampezo*, comme le proclame dans sa faconde italienne, l'inscription tracée au-dessus de la porte de la mairie. Le commerce des bois a enrichi ses habitants, et ils se sont donné, il y a cent ans, le luxe d'une grande église, suffisamment peinte et dorée pour faire honneur à leur générosité. L'édifice est flanqué d'un campanile, car les mœurs italiennes dominent à Cortina, où l'on fait de la politique jusque sur les enseignes des auberges, et où l'on voit la *Croce bianca* de la maison de Savoie s'élever en face de l'*Aquila nera* impériale. L'italien est la seule langue comprise à Cortina, les fonctionnaires n'essaient même pas de parler allemand, et toutes les inscriptions ou affiches émanant de l'autorité sont rédigées en langage vulgaire. Autre preuve de l'intelligence de l'administration autrichienne : ayant remarqué chez les habitants de quelques villages tiroliens un véritable sens artistique, elle s'est empressée d'encourager ce goût en instituant des écoles industrielles où les petits paysans apprennent à sculpter, à peindre ou à exécuter ces charmants bijoux de filigrane qui dépassent en finesse d'éxécution tout ce que l'on peut trouver dans le commerce.

A quelques kilomètres de Cortina on traverse la frontière, mais, à défaut de l'uniforme vert à passepoils jaunes des douaniers, les mendiants dont on est immédiatement assailli indiqueraient assez qu'on entre sur le territoire italien. A tous les relais, il faut soutenir un siège en règle et nous avons dû, à Borca, chercher un refuge dans la cuisine de l'*Albergo al' Pelmo*. Très curieuses, au reste, ces cuisines d'auberge de la Haute Italie : la cheminée n'est pas appuyée contre un mur, elle occupe le centre de la pièce ; l'âtre, exhaussé d'une marche, est flanqué de quatre colonnes supportant un large manteau, et les chenets sont de grands landiers en fer forgé que l'on jurerait vieux de trois siècles. Des

vases aux formes antiques sont alignés sur
les dressoirs et la lampe accrochée au plafond
n'est autre que celle dont les Romains se ser-
vaient il y a deux mille ans.

Jusqu'à Pieve di Cadore, la route est suspendue au-dessus de la vallée de la Boite, et
celle-ci, en se creusant de plus en plus, offre
une suite non interrompue de paysages qui
parfois sont véritablement grandioses. La
vallée, largement ouverte, est prise entre
deux montagnes gigantesques : à droite le
Pelmo qui a 3,168 mètres d'altitude, à gauche
l'Antelao qui en 3,253. Sa masse énorme domine tout le pays; un jour, une portion s'en
détacha, c'était en 1816, au pied de la montagne s'étendaient deux villages, Marceana et
Taulen, ils furent engloutis sous l'avalan-
che.

Des nombreux hameaux que nous rencontrons, le plus pittoresque est certainement
celui de Valle ; placé en face d'une gorge profonde, il accroche à la montagne son échaf-
faudage bizarre de vieilles masures tenant le
milieu entre la maison italienne et le chalet
tirolien. De grandes toitures en saillie, des
balcons éventrés, des fenêtres sans vitres, des
guénilles pendues un peu partout et une population de mendiants contre lesquels il faut

défendre à la fois ses bagages, ses poches et
son odorat. La route fait une pointe pour
grimper à Pieve di Cadore, distant à pei..e
d'une lieue et nous voici dans la patrie du
Titien.

Pieve di Cadore, ou plus simplement Cadore
comme nous l'appelons, a été choisi par
Napoléon pour devenir le siège d'un duché de
haute fantaisie. Du fief impérial il ne reste
naturellement plus trace ; le grand peintre,
et ce n'est que justice, a laissé un souvenir
plus durable : on vient même de lui ériger
une statue qu'il ne faut regarder que de profil
car elle est d'une platitude désolante. Sans la
naissance du Titien et le duché de M. de
Champagny, Cadore serait parfaitement inconnu malgré la beauté du site qui l'entoure :
placé au sommet d'un éperon, la ville sur-
plombe à une grande hauteur la vallée de la
Piave, et l'on comprend l'impression profonde
que son souvenir avait laissée dans l'esprit
du Titien. Jusque dans ses dernières compo-
sitions, le roi des coloristes s'est plu à repro-
duire les paysages au milieu desquels s'était
écoulée son enfance, et, arrivé de son vivant à
l'immortalité, il n'oublia jamais la modeste
petite ville où il avait vu le jour. Cadore avait
autrefois un château, mais, en 1796, les Fran-

çais en ont fait une ruine, ruine qui a même disparu naguère, lorsque le génie italien s'est décidé à fortifier la ville. Jusque là elle s'était contentée de la petite garnison de chasseurs des Alpes qu'on lui envoyait pendant la belle saison, mais bientôt l'Italie comptera une forteresse de plus.

Enfin nous nous entassons dans une méchante patache, un *carabiniero* armé de toutes pièces monte à côté du conducteur, un autre s'installe à l'intérieur de la diligence et nous partons sous bonne escorte. La route descend dans la vallée de la Piave en décrivant des lacets ; tantôt soutenue par des massifs de maçonnerie, tantôt taillée en plein rocher, elle est digne des célèbres routes du Splugen et Stelvio, œuvres colossales qui font la gloire du gouvernement autrichien, mais que l'indolence italienne laisse tomber en ruines. En bas nous trouvons un large ravin, la Piave en occupe tout le fond, et son lit pierreux, à demi desséché, force la route à se serrer contre la montagne. On ne tarde pas à arriver sur le théâtre de l'un des épisodes les plus marquants du soulèvement de 1848 ; c'est là, en effet, entre Rucorvo et Rivalgo, que Calvi et quelques patriotes de Cadore, forcés de fuir devant les Autrichiens, s'em-

busquèrent pour attendre la colonne envoyée
à leur poursuite. Ils avaient amassé sur la
hauteur des troncs d'arbre et des blocs de
rocher qu'ils firent rouler sur les assaillants :
stratagème vieux comme le monde et qui du-
rera autant que lui.

En face de Termine, le conducteur nous
signale un mince filet d'eau tombant du haut
d'un rocher ; les gens du pays, sans avoir lu
Rabelais, l'ont appelé la Pissa. — Pour entrer à Castel Lavazzo, on a dû tailler dans le
roc une sorte de tranchée, et nous voici dans
le *Castellum Lœbatium* des Romains ; plus
loin Longarone rappelle le souvenir d'un brillant fait d'armes accompli par les Français.
En 1797, un corps autrichien, battant en retraite, remontait la vallée de la Piave, serré
de près par Masséna ; arrivé à Longarone,
celui-ci parvint à rejoindre l'ennemi, et, après
un combat désespéré, le général autrichien
Lusignan restait prisonnier entre nos mains.
Longarone semble une agréable petite ville et,
malgré l'heure avancée, les habitants forment
devant les portes des groupes animés. Ici,
l'arrivée de la diligence prend les proportions
d'un événement : pendant qu'on relaie, nos
bons gendarmes tiennent les curieux à distance et restent sourds aux questions dont ils

sont assaillis. Enfin, à Capo di Ponte, nous avons eu l'explication de ce déploiement de force inusité : sans nous en douter, nous étions assis sur un trésor. Ce « trésor » était tout bonnement un envoi de fonds du percepteur de Cadore au receveur des finances de Bellune, mais la population n'inspire pas au gouvernement assez de confiance pour qu'il puisse envoyer par la poste un sac d'écus sans le faire escorter par la maréchaussée. Du reste, depuis Cadore, on est frappé du nombre extraordinaire de gendarmes que l'on rencontre dans tous les villages ; à Castel Lavazzo, nous avons même assisté à une arrestation qui aurait fourni le sujet d'un bien joli tableau de genre : à la lueur douteuse de quelques lanternes, des bandits déguenillés se débattaient entre les mains des carabiniers et ceux-ci, corrects, gantés de frais, demeuraient impassibles au milieu des criailleries d'une bande de femmes échevelées.

De Capo di Ponte à Vittorio, la route traverse un pays très pittoresque, malheureusement nous sommes au milieu de la nuit, et c'est à peine si les sommets se dessinent vaguement sur un ciel sans étoiles. Cependant on entrevoit une grande nappe d'eau, le Lago di Santa Croce, puis la route gravit une

sorte de col formé par le célèbre éboulement
qui a changé la carte du pays. — Jadis la
Piave, au lieu de faire un détour, descendait
tout droit sur Conegliano, mais, en l'an 400,
la montagne s'écroula dans le fleuve, celui-ci
dut chercher un nouveau lit et les habitants
de Bellune ne furent pas peu étonnés de voir,
un matin en s'éveillant, un large cours d'eau
passer au pied de leur ville. — Un léger mi-
roitement au bord de la route signale le Lago
morto, petit lac mystérieux qui s'alimente on
ne sait comment et se déverse on ne sait où ;
encore un étroit défilé, et nous sommes à
Vittorio.

Vittorio se compose de deux localités dis-
tantes de trois kilomètres, Ceneda et Serra-
valle, ancienne petite ville vénitienne avec
des arcades en ogives et des torsades sculptées aux angles des maisons. Depuis leur
réunion à l'Italie, on a fondu ces deux localités en une seule dont Victor-Emmanuel a été
le parrain. Mais il est près de trois heures du
matin, voilà quatorze heures que nous sommes en voiture et l'*Albergo alla Giraffa* nous
ouvre ses portes à deux battants. — Demain,
le chemin de fer nous conduira à Venise.

IV.

DEUX JOURS A VENISE.

Le Palais des Doges et les Inquisiteurs d'Etat. — Une
grand'messe à Saint-Marc. — L'invasion juive. — Les
soirées *in Piazza.*

Nous avons deux journées à passer ici, en
attendant le départ du bateau qui doit nous
mener à Trieste ; deux jours à flâner sous les
Procuraties, sous les mosaïques de Saint-
Marc ou les plafonds dorés du Palais des
Doges. Venise est par excellence la ville du
far niente. Se laisser bercer par une gondole,
errer dans ce dédale de canaux silencieux,
visiter ici un palais et là une église rencon-
trée au passage, c'est encore la meilleure manière de revoir Venise.

Jamais je n'ai parcouru sans émotion le palais des Doges : c'est une vision de la Venise
triomphante et terrible d'autrefois qui passe
devant vos yeux éblouis. On croit commettre

un sacrilège, quand on foule d'un pied pro-
fane l'Escalier d'Or que les patriciens avaient
seuls le droit de gravir : quand on pénètre
dans cette salle du Grand Conseil, pièce unique au monde, dont les murs ont été peints
par le Tintoret et les plafonds par Paul Véro-
nèse, tous ces doges majestueux semblent
vous demander de quel droit vous pénétrez
dans leur palais. Voici la bouche qui recevait
la délation ; là se réunissait le conseil des Dix
et ici les trois Inquisiteurs d'Etat rendaient
leurs sentences. Plus loin, le pont des Sou-
pirs, les cachots atroces, le réduit obscur où
le bourreau décapitait le condamné sans le
voir ; et alors vous vous rappelez la sinistre
gondole au fanal rouge, glissant silencieu-
sement vers la haute mer : tous s'écartent
sur son passage, il y a peine de mort pour
quiconque ose approcher d'elle : c'est la
gondole des Inquisiteurs, elle va jeter dans
le canal Orfano le corps sans tête du sup-
plicié.

Un des plus curieux spectacle que Venise
puisse offrir à l'étranger, c'est une messe so-
lennelle à Saint-Marc. Demain, l'Eglise célè-
brera la fête de l'Assomption et une cantate
en l'honneur de la Sainte-Vierge, affichée à
tous les coins de rues, rappelle aux fidèles

qu'une messe en musique sera chantée à la
cathédrale. Nous n'avons eu garde d'y man-
quer : le soleil illuminait la vieille basilique,
faisant pâlir les cierges et sortir de leur nimbe
d'or les saints incrustés dans la muraille. La
voûte, les murs, les piliers resplendissaient,
tout couverts de mosaïques enchassées dans
l'or pur, et le soleil, ravivant ces couleurs
éteintes, rendait tout leur éclat à ces vieux
ors ternis par les siècles. — Dans le chœur,
le patriarche, entouré de ses chanoines mitrés,
trônait au m'lieu d'un clergé nombreux :
c'était un chatoiement de chasubles, de chapes,
de dalmatiques, coupées par les soutanes
violettes des bedeaux et les robes de pourpre
des massiers. Aux pieds du prélat on avait
déposé les insignes de sa haute dignité, à côté
des vases sacrés, des buires antiques, des
joyaux sortis du trésor de Saint-Marc. Au
dessus de l'autel, la célèbre *Pala d'Oro*, qu'on
ne découvre qu'aux fêtes solennelles, faisait
scintiller ses plaques d'or, ses émaux et ses
innombrables pierres précieuses formant une
auréole étincelante autour de la Vierge byzantine. Enfin, dans les tribunes du chœur,
un orchestre, un peu bruyant peut-être, accom-
pagnait des chants délicieux, très profanes
mais admirablement exécutés. Soudain, la

musique s'arrête et la foule s'entr'ouvre : un des officiants monte au jubé, pour donner lecture de l'Evangile. — Mais quelle indifférence de la part des assistants ! En Italie, on dit les offices pour le clergé et pour le petit nombre de fidèles qui peuvent trouver place dans le chœur ; le reste de l'église est abandonné au public. On circule, on cause à haute voix, les étrangers visitent le monument où les gens du peuple viennent faire la sieste.

Faut-il l'avouer ? cette musique de théâtre, ce luxe oriental, les prodigieuses richesses accumulées dans cette « église d'or » produisent une sensation étrange où il y a plus encore d'étonnement que d'admiration. A nos froides imaginations du Nord, il faut la grandeur sévère des vieilles cathédrales, et nous préférerons toujours les graves accords du plain-chant dans leur simplicité sublime à des hymnes sacrées mises sur des motifs d'opéra comique.

Une des plus curieuses églises de la ville, la plus intéressante peut-être après Saint-Marc, c'est San-Zanipolo, le Westminster de Venise. Les doges y ont leur sépulture et leurs tombeaux sont presque tous des œuvres magistrales. Il y a quatre ans, l'édifice menaçait déjà de s'écrouler ; on avait dû évacuer le chœur et étançonner la voûte ; à côté de l'église, le sacristain montrait tristement les ruines de la chapelle du Rosaire et les débris mutilés de ses splendides reliefs. Quatre ans se sont écoulés : l'église est tou. jours soutenue par des poutres et rien ne serait changé si des nuées de pigeons ne s'étaient emparés des sculptures de la chapelle incendiée.

Le gouvernement n'a pas d'argent, la Ville n'en a pas davantage et Venise s'émiette. On remplace les ponts de marbre par des passerelles en fer, un jour c'est une église qui tombe, demain ce sera un palais, à moins qu'un marchand de fausses antiquités ne le sauve de la ruine en y installant ses magasins. On voit alors la grosse enseigne de Guggenheim s'étaler insolemment sur l'aristocratique demeure, toute honteuse d'être tombée en pareilles mains.

Après les monuments, les traditions : aujourd'hui, on voit un bateau à vapeur circuler sur le Grand Canal, on rencontre des gondoliers travestis en matelots, et la gondole elle-même, la traditionnelle gondole, n'a pas été respectée. Depuis quatre siècles, elle était peinte en noir ; sa cabine, ses rideaux, ses coussins étaient de même couleur : une loi célèbre en avait ordonné ainsi. République, Grand Conseil, tout avait disparu; seule, la vieille loi, consacrée par l'usage, s'était maintenue jusqu'à nous; aujourd'hui on trouve plus commode de remplacer la cabine classique par une tente en coutil.

Il est une tradition cependant que les Vénitiens n'ont pas encore perdue, celle de la promenade du soir sur la place Saint-Marc, *in Piazza*. Le coup d'œil est féérique, unique au monde : les arcades des Procuraties, brillamment éclairées, laissent les coupoles de la basilique et la façade sculptée des palais dans une demi obscurité; sur la place dallée de marbre, tout Venise s'est donné rendez-vous : ce ne sont que mantilles noires, longues œillades et battements d'éventail..... Mais un coup de sifflet strident traverse la nuit, le *Triest* appelle ses passagers, et, comme les deux Vulcains de bronze frappaient onze heures sur la cloche dè l'Horloge, le bateau levait l'ancre.

Longtemps, nous sommes restés accoudés sur le pont, pour donner un dernier regard au palais des Doges, au Campanile dressant dans la nuit sa longue silhouette blanche; à mesure que le navire s'éloigne, ces milliers de lumières, en se reflétant dans les vagues, forment d'immenses gerbes de feu : on dirait de

longues fusées courant à la surface de l'eau.
Puis, une à une, toutes les lumières s'étei-
gnent, et quand le dernier feu du Lido dispa-
rait à son tour, le ciel et la mer confondent
leurs immensités dans la nuit. Lorsqu'on vint
nous éveiller nous étions à Trieste.

V.

Il serait intéressant d'étudier l'étonnante
progression suivie par Trieste, depuis le jour
où Marie-Thérèse en fit un port franc ; mais
il m'a semblé plus intéressant encore de cou-
rir la ville, et ma première visite a été pour le
marché. On nous en avait dit merveille, nous
devions y trouver un curieux mélange de
races et de costumes, des turbans et des ca
lottes grecques, des dalmatiques et des vestes
brodées ; peut-être même aurions-nous la
chance de rencontrer un de ces géants Zichis,
moitié bûcherons, moitié voleurs, que l'on
fait descendre des Scythes et qui vivent en
tribus sur les plateaux du Karst. Mais c'eût
été trop beau, et les paysannes istriotes, mal-

4

gré les délicates broderies qui ornent leur chemisette, n'ont pu nous éviter une déception d'autant plus complète, qu'à vingt ans, les plus jolies commencent à perdre leurs dents.

Trieste est traversé par le Corso qui sépare la ville neuve de la ville vieille. La première s'étend le long du port, elle est percée de larges rues et n'a pas un monument. L'église Saint-Antoine date de 1830, l'hôtel-de-ville et le nouveau palais du Lloyd sont à peine terminés et, malgré la richesse de leurs façades, les vieilles rues qui montent à l'assaut du château sont bien autrement pittoresques. Ces rues sont tellement étroites, qu'aucune voiture ne saurait y pénétrer, si grimpantes, qu'il a fallu parfois les tailler en escaliers. Là est le vieux, le vrai Trieste : les quartiers neufs, tirés au cordeau, sont réservés aux fonctionnaires, au grand commerce, à la colonie autrichienne, mais le véritable Tergestain n'a pas encore voulu descendre de la ville haute.

— L'alignement y est chose inconnue, on monte en zigzags par des passages d'autant plus étroits que les habitants, italiens pour la plupart, ont coutume de vivre dans la rue. Des enfants en chemise, noirs comme des Tsiganes, viennent rouler dans vos jambes ; de magnifiques mendiants, étendus au soleil, ne daignent pas se déranger pour vous laisser passer ; enfin, après avoir beaucoup monté, beaucoup tourné, on arrive aux dernières maisons de la ville, bordées de mains-courantes en fer scellées dans les murs, car le plateau est souvent balayé par la *bora.*

La bora est ce terrible vent du nord-est, le Borée des anciens, véritable fléau de l'Istrie, qui renverse les trains de chemin de fer et enlève un homme comme un fétu de paille. Dès que la tempête menace, les sergents de ville courent de rue en rue, et tendent des cordes le long des hautes bornes en pierre, qui bordent les trottoirs de la ville neuve ; quant à la vieille ville, ses ruelles tortueuses suffisent à la mettre à l'abri de la tourmente. La bora ne sévit avec toute sa violence que dans un rayon assez limité : elle descend du plateau du Karst, s'engage dans la brèche qui aboutit à Trieste, et, après être passée sur la ville, elle suit la côte jusqu'à la pointe de Salvore, où elle va se perdre dans la mer. Sa direction est invariable, mais on remarque depuis quelque temps, qu'elle gagne en force ce qu'elle perd en durée. Sa naissance est un mystère : le ciel reste pur, soudain la mer prend une teinte rougeâtre, c'est la bora qui s'annonce, et pendant trois jours Trieste va être secouée par la tempête.

Aussi, point de campaniles, point de clochetons élancés, les constructions sont massives, banales et, sauf la cathédrale Saint-Just, elles n'ont aucun caractère. Saint-Just est bâti tout en haut de la ville, sous les bastions du château; sa grosse tour, montée sur de larges piliers, est supportée par des voûtes en plein-ceintre. Des colonnes antiques, aux cannelures éraflées, aux chapiteaux mutilés, ont été enclavées dans la muraille à côté de figures et de trophées en bas-relief empruntés comme elles à quelque temple païen. La cathédrale même est un singulier assemblage de trois édifices distincts : au vi\ siècle, il n'y avait là qu'une basilique et un baptistère, le siècle suivant vit élever à côté d'eux une chapelle byzantine, et pendant huit cents ans les choses demeurèrent en cet état; mais au xiv\ siècle, on a réuni les trois constructions en une seule, pour former la cathédrale actuelle. Malheureusement les architectes ont voulu, au siècle dernier, mettre l'édifice à la mode du jour, et ils n'ont pas craint, ces vandales, de plaquer sur les vieilles mosaïques byzantines les rocailles de leurs autels Pompadour.

En dehors de l'église, on montre la dalle sous laquelle Fouché repose, sans un mot d'épitaphe ; devant la mort, il n'y a plus ni ministre de la police, ni grand-aigle de la Légion d'honneur, ni duc d'Otrante ; il n'y a plus que l'oratorien régicide. Mais quelle admirable vue on découvre de la terrasse qui sert de parvis à la cathédrale : à vos pieds, se pressent les ruelles qui descendent en courant sur le flanc de la montagne, en bas la ville neuve etend complaisamment ses grandes places et ses larges avenues ; puis, ce sont les vaisseaux qui se pressent dans le port, les longues jetées, le phare, la grande mer toute bleue et, dans le lointain, un point blanc qui brille au soleil, c'est Miramar.

La route qui conduit au célèbre château de Maximilien longe la mer, en suivant toutes les sinuosités de la côte. Au-dessus, le Karst étend la ligne triste et monotone de ses rochers d'un gris sale, avec des taches vert sombre qui attestent les essais de reboisement. La chaleur est accablante, nous hélons des mariniers qui dorment au fond de leur barque et vogue la galère. La brise ride à peine la surface de la mer, en soulevant de petites vagues qui clapotent gaiement à l'avant du canot. Il faut une heure et demie pour faire la traversée : peu à peu les détails du château s'accentuent, les tours percées de meurtrières

inoffensives détachent en blanc, sur l'azur
foncé du ciel, la fine dentelure de leurs créneaux, car Miramar, suivant la mode allemande, est construit en style gothique. Très
sobre d'ornements, son architecture semblerait presque sévère, sans l'admirable soleil d'Italie, qui transforme et poétise toute
chose.

Le château se dresse à la pointe d'un rocher
qui, tombé des sommets du Karst, est venu
rouler jusque dans l'Adriatique. La barque
double l'écueil et aborde à un escalier de
marbre dont les marches baignent dans la
mer; là, une sorte de majordome vous attend,
pour vous conduire en cérémonie, jusqu'à la
porte du château, où il vous remet aux mains
d'un huissier. Dans le vestibule, les halle-
bardes des gardes de l'archiduc sont encore à
leur ratelier, mais ce qui est admirable et
peut-être unique au monde, c'est la vue que
l'on embrasse de la fenêtre du fond. Cette
fenêtre encadre tout le golfe de Trieste: à
gauche, la côte décrit une courbe gracieuse, à
droite scintille la mer immense, toujours sil-
lonnée de vaisseaux, et tout au fond, dans un
lointain bleuâtre, Trieste aligne ses maisons
blanches, sous la protection de son vieux château. C'est un décor de théâtre, mais un décor

merveilleux, et l'habileté de la mise en scène
a su augmenter encore l'effet de ce tableau véritablement féerique. Le cabinet de travail
présente la même vue, ménagée avec le même
art; il touche à la chambre à coucher du
prince, et ces deux pièces sont la reproduction
exacte des cabines qu'il occupait à bord de la
Novara, quand il fit son voyage autour du
monde. L'appartement est demeuré tel que
Maximilien l'a laissé : sur le bureau, le livre
qu'il lisait au moment de son départ, les des-
sins, les souvenirs intimes dont il aimait à
s'entourer; il semble que le maître du logis va
rentrer, vingt ans s'effacent et le drame de
Queretaro n'est plus qu'un mauvais rêve. —
L'escalier, en gothique allemand, est assez
majestueux : aux murs, des hommes de fer,
des trophées d'armes, souvenirs des lointains
voyages ; mais, si les ogives de la salle du
trône ont véritablement grand air, les appartements particuliers sont d'une extrême simplicité. — Il n'y a pas à Paris de femme
d'agent de change, qui se contenterait de la
chambre à coucher de l'archiduchesse qui fut
l'impératrice Charlotte.

A la sortie, le majordome vous attend, pour
vous faire visiter les jardins, vous promenant
de terrasse en terrasse, énumérant avec com-

plaisance toutes les plantes rares que l'on est parvenu à acclimater sur cette terre ingrate, où Maximilien a eu tout à créer, même le sol.

Amoureux de la mer jusque dans ses fureurs, souvent l'archiduc sortait du port au plus fort de la tempête, et, seul dans son canot, il allait affronter la bora. Un jour, une vague énorme l'emporte et le jette, à une lieue de Trieste, sur la Punta Grignana; derrière c^e petit cap, le vent se taisait, la mer était si pure, la vue si admirable que, dès ce moment, Maximilien résolut d'élever là une cabane de pêcheur : cette cabane est devenue Miramar. Il ne l'abandonna qu'à regret; même sur le trône, il conservait l'espoir d'y revenir et l'une des dernières lettres que le malheureux empereur écrivit de Mexico annonçait à son intendant un envoi de fleurs.

Au retour, nos bateliers abordent en face de l'église grecque San Nicolò dei Greci. Les cloches sonnent à toute volée dans leurs petites tours à toiture verte : l'office est commencé. — L'église est presque carrée, les femmes prennent place dans les galeries et les fidèles dans les stalles qui règnent sur trois côtés, laissant ainsi le milieu du temple complètement vide. Le quatrième côté, faisant face au portail, est couvert de boiseries dorées

encadrant de petits tableaux sur fond d'or et
six grandes figures en argent repoussé,
découpées aux têtes et aux mains. Au milieu
est pratiquée une sorte de niche fermée par
un rideau de soie écarlate, en avant deux tableaux entourés de lumières représentent la
Sainte Vierge et saint Nicolas.

Les chants sont magnifiques : des chœurs
d'hommes et de sopranes exécutent sans ac-
compagnement des mélodies douces et tristes,
d'un grand effet religieux. — Un pope en
robe d'avocat a pris place dans une
stalle parmi les fidèles, il fait suivre chaque
cantique d'une sorte de commentaire. Cependant derrière le voile on entend murmurer
des prières ; deux enfants de chœur, portant
une croix bleue brodée sur le dos de leur
surplis, s'approchent de la niche, le rideau
s'ouvre et laisse voir le prêtre à l'autel. C'est
un beau vieillard à grande barbe blanche, sa
chape de drap d'or est rehaussée de broderies
et de pierres précieuses. Dans l'assistance,
les signes de croix redoublent, on apporte le
pain bénit sur un plateau d'argent et les
fidèles s'approchent de l'autel pour baiser dévotement les saintes images, puis la main du
pope qui leur distribue le pain consacré. La
messe est dite : mais comment ne pas faire

un rapprochement entre la tenue édifiar.te
des Grecs à Saint-Nicolas et le sans-gêne
scandaleux des catholiques à Saint-Marc.

Imiter Venise est cependant la grande
préoccupation de Trieste, ses habitants ont
mis une statue au sommet d'une colonne pour
contrefaire celles de la Piazzetta, et les deu <
Vulcains qui frappent l'heure au sommet de
l'hôtel-de-ville ont été manifestement inspi-
rés par ceux de la tour de l'Horloge. A la nuit,
le Corso et la Piazza Grande deviennent le
rendez-vous de la ville entière, les tables du
Caffé degli Specchi débordent jusque sur la
place, pour suivre l'exemple des cafés *Quadri*
et *Florian* qui envahissent la place Saint-
Marc; dans la foule, toutes les femmes jouent
de l'éventail et quelques *sartorelle* en man-
tille font songer aux délicieuses soirées de la.
Piazza.

Malgré tout, Trieste devra se résigner à
n'être qu'une ville de commerce, et l'activité
fiévreuse de ses habitants contraste avec la
nonchalance vénitienne. La population, un
peu cosmopolite comme dans toutes les villes
d'affaires, peut cependant se grouper en trois
races bien distinctes : d'abord les Italiens qui
sont de beaucoup les plus nombreux, ensuite
les Slaves et enfin les Allemands qui forment

une minorité insignifiante et subissent l'influence italienne au point de dénationaliser leur nom. On lit par exemple, sur les magasins du Corso, l'enseigne de Lodovico Spiegel ou celle de Sigismondo Lœwenstein. — Plus fiers et aussi plus nombreux, les Slaves sont ouvertement en lutte avec les Italiens, et il n'est pas rare de voir les deux partis en venir aux mains.

Peu après notre passage à Trieste, le conseil municipal où les Italiens dominent était en séance ; les Slaves se rassemblèrent devant l'hôtel-de-ville au cri de : « Mort aux Italiens ! » Ceux-ci intervinrent en faveur du conseil, une bagarre se produisit et la force armée dut intervenir pour séparer les combattants.

Comme tout bon Italien, le conseil municipal montre un dédain superbe de la propreté, et les mesures qu'il prend pour assurer la salubrité de la ville sont absolument dérisoires. A cinq heures du soir, on lâche les égoûts au beau milieu du port ; il faut fuir en toute hâte les môles et les quais, et les habitués de l'établissement Maria doivent se résigner à prendre leur bain au milieu de toutes les immondices de Trieste. A peine sommes-nous réfugiés à l'hôtel qu'on frappe à notre chambre.

— Entrez !

La porte s'ouvre et laisse voir dans le corridor un monsieur qui prudemment examine notre logis avant d'en franchir le seuil.

— Que désirez-vous ?

— Pardon, Messieurs, vous êtes bien les deux Français arrivés ce matin par le *Triest* ?

— Certainement, mais...

— C'est que je suis le médecin en chef de la ville et je dois m'assurer que vous n'avez pas le choléra.

VI

POLA.

Nous voici à bord de l'*Intrepido*, un petit vieux bateau qui cabote paisiblement le long de la côte d'Istrie, et rappelle cet honnête plumassier, le plus pacifique et le plus timoré des bourgeois, qui était affublé du prénom de César.

A droite la mer aussi bleue que le ciel ondule légèrement, à gauche le rivage que nous ne perdrons pas de vue un seul instant allonge ses collines couvertes d'un taillis épais que l'on dit être des oliviers. De loin en loin, un petit port avec ses façades blanches et son inévitable campanile, invariablement copié sur celui de Saint-Marc, viendra rompre la monotonie de la côte ; mais jusqu'à Pola, c'est-à-dire pendant huit heures, le tableau restera le même.

Dans le lointain on aperçoit Capo d'Istria retiré tout au fond d'une baie, puis, à la pointe d'une colline avançant dans la mer, voici l'église de Pirano soutenue par douze arcs-boutants gigantesques, que l'on prendrait de loin pour les piles d'un grand viaduc. Dès que le bateau a doublé ce cap, Pirano apparaît avec ses maisons jaunes baignant dans la mer, ses grosses tours carrées et ses longues murailles crénelées à la lombarde. La vieille forteresse, sapée à la base par les oliviers, ne peut résister à l'assaut des vignes vierges, des lierres qui l'escaladent de toutes parts et couvrent ses brèches d'un manteau de verdure.

Pirano a eu ses jours de gloire, il a vu, en 1177, les vaisseaux de Frédéric Barberousse fuir devant ceux de la Sérénissime République après une lutte mémorable où Othon, le fils de l'empereur, resta prisonnier entre les mains des Vénitiens. Cette bataille, plus connue sous le nom de Salvore qui est celui d'un phare devant lequel nous allons passer, contribua à mettre fin à la grande querelle entre la papauté et l'Empire, et amena la fameuse

entrevue où Frédéric Barberousse dut venir,
sous le péristyle de Saint-Marc, s'humilier
devant Alexandre III. Les Vénitiens se
sont plu à rappeler ces gloires de leur patrie dans les tableaux fameux qui décorent le
palais des Doges ; parmi eux, vous vous rappelez cet admirable combat naval, un des
chefs d'œuvre du Tintoret ? c'est la bataille de
Salvore.

Sur une rive plate comme un paysage hol-
landais, Umago élève au-dessus de ses remparts en ruines un campanile aussi blanc
qu'un minaret ; plus loin, c'est Cittanova qui
ressemble à Umago, et Parenzo qui ressemble à Cittanova. Partout on retrouve le même
petit port, avec la même *sanita*, la même tour
et les mêmes maisons blanches : toutes ces
petites colonies vénitiennes sont calquées sur
le même modèle. Cependant la côte se relève
pour faire à Rovigno une sorte de piédestal
où se dresse fièrement un campanile élancé.
Après Trieste et Pola, Rovigno est le port le
plus important de l'Istrie, et son aspect floris-
sant contraste avec les ruines pittoresques
d'une petite église perdue de l'autre côté du
port, sur un îlot qui semble inhabité. Un chapelet d'îles s'égraine le long de la côte : ce
sont les îles Brioniques où les Vénitiens subi-

rent, en 1379, un échec d'autant plus sensible que c'étaient les Génois, leurs ennemis héréditaires, qui le leur avaient infligé. — Une autre église, non moins ruinée, détache sur l'île San-Andrea la triste silhouette de ses ogives dévastées ; un industriel y a installé une fabrique de Portland, et savez-vous comment il a utilisé le vieux campanile qui tenait encore debout ? il en a tout bonnement fait la cheminée de son usine.

Bientôt la crête d'un rempart se profile au-dessus de l'eau, puis, à mesure que le bateau avance, les forts surgissent de tous côtés ; chacun de ces îlots est hérissé de canons, ce ne sont que batteries, redoutes, casemates ou tourelles blindées dont les deux embrassures semblent les yeux d'un monstre guettant les vaisseaux au passage. Les Autrichiens ont fait de Pola une place formidable, et le port, déjà défendu par les récifs qui en commandent l'entrée, est encore protégé par une trentaine de forts. Enfin, le bateau traverse une dernière passe et Pola se présente tout-à-coup, avec ses arènes imposantes et la colline aujourd'hui boisée où fut jadis le Capitole.

Pola est en effet une des plus anciennes villes que l'on connaisse, on prétend qu'elle

fut fondée, quatorze siècles avant Jésus-
Christ, par les Colchidiens à la poursuite de
la toison d'or que Jason leur avait enlevée. —
Suivant la tradition, les Grecs, arrivés avec
le navire *Argo* jusque dans la mer Noire,
auraient voulu revenir dans leur pays en
remontant le cours de l'Ister (le Danube).
Arrivés au confluent de la Save, ils auraient
pris cette rivière pour un bras du fleuve et
l'auraient suivie jusqu'au confluent de la Laibach où, renouvelant la même erreur, ils auraient remonté ce cours d'eau, croyant toujours naviguer sur l'Ister. Ils seraient ainsi
arrivés à Ober-Laibach où la Laibach sort de
terre, et les aventuriers auraient été fort
embarrassés s'ils n'avaient appris qu'au-delà
des rochers la mer était proche ; alors ils auraient sorti de l'eau leur vaisseau, l'auraient
transporté par-dessus la montagne jusque sur
les rives du Quieto, et regardant encore cette
rivière comme un bras de l'Ister, ils seraient
descendus jusqu'à l'Adriatique en donnant le
nom d'Istrie au pays qu'il arrosait.

Quoi qu'il en soit de cette étymologie, de
l'expédition des Argonautes, de la poursuite
des Colchidiens et de la fondation même de
Pola, celle-ci devint à l'époque romaine une
ville de 40,000 âmes, et les Autrichiens, en

établissant ici leur grand port militaire, n'ont fait que suivre l'exemple des Romains qui y possédaient déjà une station navale. — D'après une tradition qui malheureusement n'est pas d'accord avec l'histoire, Pola aurait failli disparaître dans la querelle entre César et Pompée. Elle avait embrassé la cause du vaincu et sa destruction allait être ordonnée par César, lorsque Julie, intercédant auprès de son père, obtint la grâce de la ville condamnée (1). Pola prit alors le nom de Pietas Julia et les habitants, pour marquer leur reconnaissance, élevèrent en l'honneur de Rome et d'Auguste un temple qui fait encore aujourd'hui l'admiration des archéoloques.

C'est un bijou d'architecture d'une élégance exquise : six colonnes corinthiennes supportent un riche fronton soutenu par une frise remarquablement conservée et sculptée si délicatement que l'on ne sait ce qu'il faut admirer davantage, ou de l'ordonnance générale du monument, ou de la finesse de ses détails. Sous la frise, une inscription encore lisible par les traces des clous qui fixaient les lettres, porte la dédicace:

(1) Julie mourut en l'an 55 avant Jésus-Christ, c'est-à-dire onze ans avant la bataille de Pharsale. Peut-être la légende confond-t-elle César avec Auguste qui avait également une fille du nom de Julie.

ROMAE · ET · AVGVSTO · CAESARI · DIVI · F ·
PATRI · PATRIAE ·

A quelques pas de là, on rencontre une
autre construction romaine : c'est un ancien
temple qui aurait été consacré à Diane suivant les uns, à Mercure ou même à Rome
suivant les autres. Il est probable que ce
temple faisait pendant au premier, mais il en
reste à peine quelques vestiges et encore faut-
il aller les chercher dans une ruelle qui passe
derrière l'édifice, car toute la façade a disparu, au XIVᵉ siècle, quand le municipe est
venu se loger dans ces ruines. Après le tremblement de terre de 1581, le monument a été
remanié de nouveau, si bien qu'il ne reste
plus de la construction romaine que deux ou
trois colonnes enclavées dans un grand mur.

Devant le Palazzo publico s'ouvre l'ancien
forum, petite place dallée que nous allons
traverser pour suivre une longue rue menant
tout droit à la *Porta aurata*. C'est un arc-
de-triomphe que les archéologues font remonter au règne de Trajan : son entablement, privé des statues qui l'ornaient, répond
mal au reste de l'édifice qui est couvert de
sculptures. A la clef de voûte, on reconnaît
l'image de Minerve, divinité à laquelle la
porte semble avoir été consacrée ; dans

l'épaisseur de l'archivolte, des panneaux délicatement fouillés ont fourni aux artistes de la
Renaissance le modèle de leurs enroulements
les plus gracieux ; enfin, sur la face inté-
rieure, entre quatre colonnes cannelées terminées par de riches chapiteaux, on remarque, au milieu d'une profusion d'ornements,
deux Victoires ailées portant des couronnes,
un aigle mordu par un serpent et, au-dessous
d'une frise admirable de pureté, on lit la
suite de l'inscription commencée sur l'entablement. J'aurais vainement essayé de la dé-
chiffrer si d'autres ne l'avaient tenté avec
plus de succès ; elle est ainsi conçue :

SALVIA · POSTHVMA · SERGI · DE · SVA ·

PECVNIA ·

L · SERGIVS · L · F · LEPIDVS · AED · TR ·

MIL · LEG · XXIX ·

L · SERGIVS · C · F · AED · II VIR ·

CN · SERGIVS · C · F · AED · II VIR ·

QVINQ ·

Ce qui signifie en bon français que les Sergius firent les frais de cet arc de triomphe,
qu'ils étaient quelque chose comme conseil-
lers municipaux et que l'un d'eux même
cumulait avec ces fonctions celles de colonel
de la 29ᵉ légion.

Les Sergius étaient une des premières familles de Rome, ils prétendaient descendre de Sergeste, compagnon d'Enée ; Catilina appartenait à cette Maison qui jusqu'au moyen-âge a tenu une place importante dans l'histoire de Pola. Cependant, le peuple oublia le nom des Sergius et, comme on venait de poser une grille dorée à la porte élevée par leurs aïeux, il l'appela *Porta aurata*.

Sortons de la ville, tournons à gauche et longeons les anciens remparts, bientôt nous trouverons la *Porta Herculea*, ainsi nommée parce que son cintre, forme d'énormes pierres à peine taillées, porte une sculpture grossière où l'on croit reconnaître une tête à côté d'une massue. Plus loin, voici la *Porta gemina*, arc double comme l'indique son nom : c'était l'entrée du Capitole et celui-ci, après avoir été au moyen-âge le siège d'une commanderie de templiers, est devenu au XVIIe siècle le Castello actuel. Jettons en passant un coup d'œil sur l'ancien couvent des franciscains et son cloître roman, profané par des magasins militaires, et nous voici en face des arènes.

C'est surtout lorsqu'on arrive par mer que ce cirque gigantesque fait un merveilleux effet : il dresse au bord du rivage ses deux

étages d'arcades ouvertes, surmontées d'un
rang de fenêtres carrées. Moins lourdes que
les arènes de Vérone, celles de Pola se res-
sentent du voisinage de la Grèce; moins
grandes que le Colysée, leurs proportions n'en
sont pas moins colossales : 20.000 spectateurs trouvaient place sur ces gradins et
quatre escaliers hors-d'œuvre conduisaient au
promenoir qui fait le tour de l'édifice et pouvait encore contenir 5.000 personnes. Tout
l'extérieur est conservé d'une manière étonnante, on peut dire qu'il est intact ; malheureusement il n'en est pas de même de l'intérieur : pendant tout le moyen-âge il a été
exploité comme carrière de pierres, à Pola la
plupart des maisons, à Venise nombre de palais lui ont emprunté leurs matériaux ; mais
ce qui donne à cet amphithéâtre un cachet tout
particulier, c'est le voisinage de l'Adriatique.
Au temps des Romains, on faisait entrer la
mer jusqu'au milieu du cirque transformé en
naumachie, et les spectateurs avaient ainsi
l'image à côté de la réalité. Au moyen-âge, les
templiers de la commanderie voisine y don-
naient encore des fêtes, des tournois ; maintenant, les seuls combats auxquels assistent les
arènes sont des luttes archéologiques. Les
savants se sont partagés en deux camps : les

uns prétendent que l'amphithéâtre date seulement des Antonins, les autres le font remonter au temps de Titus ; suivant les premiers il y avait autour de l'arène des gradins de pierre, tandis que d'après les autres il n'y aurait jamais eu que des bancs de bois.

Quand on a visité les antiquités de Pola on a vu la ville. De même que Trieste, elle se divise en deux quartiers absolument distincts: d'un côté la ville italienne, sale, étroite, aux vieilles masures irrégulières mais souvent intéressantes, de l'autre la ville allemande, correcte dans sa raideur administrative et d'une banalité parfaitement ennuyeuse. Tout y est artificiel, même la terre, et la route qui mène au jardin public créé sur un rocher inculte est faiblement ombragée de maigres arbres, plantés dans des bacs creusés dans le sol pierreux.

Ici, comme sur tout le littoral de l'Istrie, l'italien domine, le slave s'est retiré à l'intérieur et les Autrichiens administrent comme ils peuvent, en s'appuyant tantôt sur ceux-ci et tantôt sur ceux-là. Les uns comme les autres semblent au reste se désintéresser absolument des actes du gouvernement : nous nous trouvions à Pola, le 18 août, c'est le jour anniversaire de la naissance de l'empereur, et en Autriche on célèbre cette date comme une fête nationale. Les vaisseaux, les établissements de la marine, les édifices publics étaient pavoisés : mais pas une maison particulière ne l'était. Le canon tonnait, au loin les batteries des forts répondaient à celles de l'arsenal, une musique précédée d'un immense drapeau aux couleurs municipales — vert à croix jaune — parcourait bruyamment la ville : mais la population montrait une indifférence d'autant plus frappante qu'elle semble contraire à son tempérament naturellement démonstratif.

Les équipages de la flotte ont aujourd'hui congé, l'arsenal est fermé et nous devrons nous contenter de contempler à distance les grands cuirassés, alignés dans les bassins à la suite du *Kaiser*, le vieil invalide de Lissa que l'Autriche conserve pieusement comme une précieuse relique. Sur le port, devant le *Café du Lloyd*, c'est un défilé interminable d'officiers et de matelots. Les officiers de la marine impériale ont la grande distinction, la politesse exquise de tous les officiers de bord. Quand aux matelots autrichiens, ce sont de grands lurons, bien découplés, aux cheveux noirs et au teint basané. L'Istrie et la Dalmatie fournissent à l'Autriche des marins excellents, seulement il faut leur parler italien, et quand les fiers cuirassés de Persano fuyaient désemparés sous les bordées des vieux vaisseaux en bois de l'illustre Tegetthoff, c'est en langue italienne que les officiers autrichiens commandaient le feu.

VII

Le Lloyd austro-hongrois. — Golfe de Quarnero. — Un coup de *bora*. — Relâche à Lussin-Piccolo. — Les *facchini* de Zara. — Costumes dalmates. — Les passagers du *Stambul*. — La passe de Sebenico. — Une ville arabe. — Le palais du Provéditeur et la cathédrale. — Adam et Ève canonisés. — San Giovanni. — Géants slaves. — Les marchands de vin. — *Albergo all'Pellegrino*.

Régulièrement, le trajet de Pola à Sebenico doit se faire en vingt-deux heures, mais comme on traverse le golfe de Quarnero où la navigation est souvent difficile. le paquebot est presque toujours en retard. — C'est ce qui est arrivé au *Stambul* sur lequel nous avons pris passage.

Le *Stambul* est un des quatre vingt six vaisseaux du Lloyd de Trieste, dont les flottes vont promener sur toutes les mers du monde le pavillon austro-hongrois. L'Adriatique est leur domaine, et la célèbre Compagnie pour-

rait relever aujourd'hui le titre que le doge
de Venise prenait jadis dans une cérémonie
fameuse. Sans avoir le luxe de nos grands
transatlantiques, les paquebots du Lloyd sont
confortablement aménagés, le service est fait
avec une ponctualité et une sévérité toutes
militaires, enfin la table du bord est convenablement servie et semble d'autant meilleure
qu'on n'est pas gâté par la cuisine des res-
taurants de la côte.

Le golfe de Quarnero a si mauvaise réputation qu'on a été jusqu'à faire dériver son
nom de *carnivoro*, comme on fait venir le
mot requin de *requies*. Pour se venger de nos
dédains, le Quarnero s'est plu à nous secouer
d'importance. — A six heures et demie, le
Stambul lève l'ancre et nous disons adieu à
Pola : peu à peu la ville s'enfonce dans la
mer, les arènes profilent encore un instant au
dessus des flots leur masse déchiquetée, nous
passons entre deux rangées de nouveaux
forts, puis les dernières îles se perdent dans
la brume, et lorsque la cloche du bord annonce
le dîner nous sommes en pleine mer. — Cependant le vent commence à fraîchir et le
couchant embrasé fait présager une mauvaise
nuit ; deux heures à peine après avoir quitté
Pola, les coups de tangage se succèdent avec

une force telle que plus d'un convive doit
quitter précipitamment la table. Vers neuf
heures, le vent se met à souffler en tempête :
c'est la fameuse bora. A minuit, le *Stambul*
entre dans la rade de Lussin Piccolo : complètement abritée derrière la ceinture de montagnes qui l'enferment de toutes parts, elle
occupe l'extrémité du Porto Augusto, sorte de
lac intérieur qui s'est formé au centre de l'île
Lussin et ne communique avec la haute mer
que par deux passes étroites. Dans ce bassin
naturel, l'ancrage est sûr quoique les vagues
soient encore assez fortes pour retarder les
barques qui parviennent à grand'peine à
accoster ; les appels, les cris des rameurs, les
commandements brefs et énergiques se perdent au milieu des craquements de la foudre
et des furieux sifflements de la bora. L'orage
est alors dans toute sa violence, et le capi-
taine se résout à attendre une accalmie pour
franchir de nouveau la passe et reprendre la
mer ; la pluie et la grêle fouettent le pont, des
coups de tonnerre formidables ébranlent le
vaisseau, et les grands éclairs, se succédant
sans interruption, montrent deux rangées de
maisons blanches alignées le long des quais
dé serts. — Voilà tout ce que j'ai vu de la capitale de l'île Lussin que nos marins ont oc-

cupée pendant la guerre d'Italie ; elle devait servir de base aux opérations que l'on allait entreprendre sur Venise, lorsque la paix de Villafranca la fit rendre à l'Autriche après dix-neuf jours d'occupation française.

Deux heures sonnent aux églises du Lussin Piccolo, soudain, par une brusque saute de vent, assez fréquente dans ces parages, la girouette du grand mât tourne au sud, le sirocco succède à la bora, l'orage s'éloigne et le *Stambul* peut continuer sa route avec quatre heures de retard. — Au petit jour, je me risque sur le pont, malgré une pluie torrentielle : nous naviguons dans une sorte de chenal formé par une succession d'iles échelonnées le long de la côte et rappelant assez bien les fjords de Norwège.

A neuf heures et demie du matin, nous arrivons devant Zara. Sur le port une armée de *facchini* forment la haie ; il ont des carrures athlétiques et des figures patibulaires, sous leur petit béret rouge, à demi couvert de broderies grecques. C'est la coiffure nationale, et dans le peuple ceux-là mêmes qui ont abandonné le costume sont demeurés fidèles à cette mode dalmate. — Très pittoresque, l'entrée de la ville avec sa petite porte basse ornée du lion de Saint Marc et ses groupes de

paysans en veste de bure passepoilée de
rouge, la poitrine couverte de longs effilés
jadis écarlates. La veste, négligemment jetée
sur l'épaule, laisse voir une chemise à manches flottantes sortant d'un gilet garance orné
d'un double rang de gros boutons en filigrane
d'argent qui se balancent comme des ferrets
d'aiguillettes. Le pantalon croate, bleu passepoilé de rouge, s'agrafe à partir du genou et
serre étroitement le bas de la jambe. Une
sorte de guètre brodée de vives couleurs enroule ses anneaux au dessus d'une babouche
à pointe relevée, c'est l'*opanké* classique,
maintenu par des tresses de paille comme les
scaligæ antiques. — Quant aux femmes, elles
se coiffent d'un long fichu blanc qu'elles appel-
lent, je crois, une *petscha* ; mais elles ont emprunté les effilés de leur corsage et leur guêtres à anneaux brodés au costume de leurs
maris.

Pendant l'escale, une demi-douzaine de
passagers étaient montés à bord, et le hasard
de la table nous rapprocha d'eux. En cinq
minutes, nous savions que nos voisins étaient
des hongrois, chargés par leur gouvernement
d'une mission scientifique en Dalmatie ; au
second service, nous buvions à la Hongrie et
à la France ; au dessert, nous étions les meil-

leurs amis du monde, au grand étonnement
des autres convives. Ceux-ci étaient nombreux et de conditions variées : depuis l'archevêque de Zara, beau vieillard à longue
barbe grise, portant avec majesté la croix
pectorale, la ceinture écarlate et le manteau
doublé de rouge, insignes de sa haute dignité,
jusqu'aux officiers autrichiens qui vont à
Spalato ou à Raguse rejoindre leur régiment.
Parmi eux nous trouvons un compatriote,
M. de M..., dont le nom est bien connu en
Lorraine, où sa famille est restée jusqu'au
départ de notre dernier duc.

— Voilà trois ans, nous dit le major de
M..., que je suis en garnison à Raguse, mais
le pays est si malsain que j'y vis en exilé,
n'osant faire venir ma femme et mes enfants.

— Cependant Raguse passe pour une jolie
ville : on l'a comparée à Monaco.

— Sans doute, l'étranger qui reste vingt-
quatre heures à Raguse trouve la ville pittoresque ; mais, pour le malheureux officier qui
y est depuis des années, c'est une triste garnison, je vous assure. Aucun confort, aucun
bien-être : comme société, nous ne voyons
que la colonie autrichienne et les diplomates
accrédités auprès du prince de Montenegro.

— Voyons mon commandant, vous avez

bien quelques distractions, la chasse par exemple?

— Pas même ; la campagne est encore si peu sûre qu'il faut se faire suivre d'une escorte dès qu'on s'écarte de la ville et vous conviendrez que ce n'est pas le moyen de tuer du gibier. En résumé, comme pays, comme manière de vivre, la Dalmatie vaut presque l'Asie : c'est une demi-Asie, si je puis m'exprimer de la sorte. Du reste, vous allez pouvoir en juger, nous arrivons à Sebenico.

La côte s'entrouvre et la mer se glisse par cette brèche dans un étroit canal, bordé de rochers dont les couches successives, en retrait l'une sur l'autre, forment un escalier de géants. M. Béla de I..., le géologue de la mission hongroise, veut bien se charger de nous expliquer la formation de ces rochers : suivant lui, ces crans étagés ont été produits par des pressions latérales et le rocher a été façonné comme une feuille de papier qu'on froisse entre les doigts. Ces bandes de pierre changent souvent de direction, se croisant en tous sens, s'interrompant brusquement pour reprendre ensuite et continuer symétriquement de l'autre côté de la passe, la ligne coupée par la mer. Deux forteresses défen-

daient autrefois l'entrée du canal, l'une avait
été construite par San-Micheli en 1546, et l'autre par les Français en 1810. Celle de droite,
petit fortin à la Vauban, subsiste seule
aujourd'hui ; encore est elle désarmée, et le
lion de Saint Marc dont la statue se dresse
fièrement sur la crête des remparts ne domine plus que des embrasures vides et des
bastions déserts.

On comprend l'importance que les Vénitiens attachaient à la possession de cette place
puisqu'il suffit de fermer une passe, large de
cinquante mètres, pour interdire complètement l'accès du port. Une fois ce canal franchi, on se trouve dans un vaste bassin, sorte
de lac formé par les eaux de la Kerka, et dans
le lointain on aperçoit une ville orientale s'éle-
vant en amphithéatre entre deux collines cou-
ronnées de massives forteresses.

Nous serrons la main à nos amis les hongrois que nous devons retrouver à Spalato,
nous descendons à terre et voici la plus curieuse et la plus pittoresque des villes. — La
solide muraille dont les Vénitiens l'avaient
entourée a été percée à maints endroits, ici
pour ouvrir une rue, là pour construire un
quartier ; ailleurs, les habitants se sont creusé
des maisons dans l'épaisseur même du rem-

part ; au-dessus, c'est un échafaudage de
toitures rouges, de murs blancs, un fouillis de
masures grimpant les unes par dessus les
autres et finissant par dépasser le sommet des
clochers et la lourde coupole byzantine de la
cathédrale ; enfin, pour fermer le paysage, les
deux vieilles forteresses, d'aspect turc, bap-
tisées par les Vénitiens des noms de San Giovanni et de Santa Anna, énormes cubes de
piérres qui survivent à tous les régimes et
dont la masse imposante semble défier les
siècles.

Un quai étroit, planté de quelques arbres
chétifs, conduit à un escalier qui monte à
l'unique place de Sebenico, la Piazza dei
Signori. — En Dalmatie tout rappelle l'ancienne métropole, partout la hautaine république a laissé l'empreinte de sa domination :
le moindre monument est orné du lion ailé, la
moindre ville a sa place des Seigneurs avec
son palais du Provéditeur. La Seigneurie
vénitienne envoyait dans les provinces ses
provéditeurs. et ceux-ci s'empressaient de lui
faire leur cour en donnant son nom à la place
où s'élevait leur palais. Dans la plupart des
villes ce palais est bien déchu, bien mutilé ;
ailleurs on l'a démoli ; ici on lui a gardé sa
forme à défaut de sa destination première :

il n'abrite plus qu'un café, mais il possède
toujours son péristyle soutenu par huit piliers, au-dessous de l'élégante loggia décou-
pée dans sa façade. Derrière elle, les ruelles
reprennent leur ascension un instant interrompue et les maisons, se poussant mutuellement, grimpant l'une par-dessus l'autre,
menacent de s'écrouler sur le palais qu'elles
surplombent de toute leur hauteur.

De l'autre côté de la place que tous ces
grands murs font paraître encore plus étroite,
s'élève la cathédrale, dont la construction
commencée au XVe siècle n'a été terminée
qu'au milieu du XVIe. C'est un édifice célèbre
dans toute la Dalmatie, bien que sa voûte
demi-cylindrique soit une innovation malheureuse: du dehors, ce toit arrondi semble
faire le gros dos, mais les portails qui appar-
tiennent tous deux au style ogival sont
d'une richesse et d'une délicatesse admirables.
On y retrouve ces frêles torsades, ces moulures à rubans que les architectes vénitiens
aimaient à placer aux angles des palais. Le
portail donnant sur la place des Seigneurs
est particulièrement intéressant, il est flanqué
de deux colonnes, au sommet desquelles
Adam et Eve prennent des poses de Vénus
pudique que justifie pleinement leur costume

léger. Ces colonnes reposent sur deux lions accroupis, comme on en rencontre assez souvent devant les vieilles églises romanes d'Italie ; ils passent pour symboliser le lion de Juda, « défenseur et soutien » du temple (1).

L'intérieur de la cathédrale produit un grand effet, le chœur surtout avec sa haute coupole et son escalier monumental. Le demi-jour qui règne dans l'édifice fait perdre quelques-uns des fins détails de la voûte, mais si l'œil y perd, l'imagination en profite, et les églises gagnent toujours à être vues dans cette demi-obscurité qui leur donne l'attrait du mystère.

Pour monter de la cathédrale à la forteresse San Giovanni, il faut s'engager dans le dédale des ruelles grimpant en zigzag le long des pentes raides de la montagne. On se croirait dans une ville arabe : c'est un inextricable fouillis où le voyageur s'égare d'autant plus facilement que ces escaliers finissent souvent en culs-de-sac. Non seulement les maisons empiètent sur la rue, l'enjambent pour aller en face chercher un appui, mais il leur arrive de barrer complètement le che-

(1) Genèse, XLIX, 9. — Ezéchiel. I, 10. — Apocalypse. V, 5.

min, alors il faut s'engager dans des passages étroits et traverser des cours obscures, menant à des ruelles inconnues. Cependant, à force de monter, nous voici hors de la ville, au milieu de maigres jardins où l'on voit plus de pierres que de verdure. Devant nous, la forteresse élève ses énormes murailles flanquées de massifs bastions ; mais ses embrasures ne sont plus occupées que par d'énormes aloës, et la vieille citadelle qui résista jadis à tous les efforts de l'armée turque, est aujourd'hui complètement abandonnée. — A cette hauteur, les toits pressés de Sebenico ne forment plus qu'une grande tache rouge, et le golfe étale sa nappe bleu pâle bordée de roches grises ; la côte forme un vaste croissant dont les branches, au moment de se rejoindre, laissent entre elles la passe étroite par où nous sommes arrivés. La pureté du ciel, la fraîcheur de la mer et les vives couleurs de Sebenico ne sont pas de trop pour rehausser le paysage, car le sol, uniformément couvert de pierrailles, n'offre à l'œil qu'une teinte triste et maussade.

La plupart des villes dalmates se sont plus ou moins modernisées. Sebenico est une de celles qui ont le mieux résisté à cet entraînement. Ici, le sang est resté pur et le voyageur

n'est pas peu étonné de rencontrer, en plein
dix-neuvième siècle, ces colosses slaves, héritiers d'une race de géants que l'on croyait à
jamais disparue. — En rentrant en ville,
nous avons fait route avec un de ces campa-
gnards : il écrasait du poids de son énorme
carrure un pauvre bourricot, si petit qu'il aurait pu passer entre les jambes de son cavalier. Le costume est en guenilles, la veste de
bure est veuve de ses effilés écarlates et de
ses belles pendeloques d'argent, le fond des
chausses s'allonge de plus en plus, et les ba-
bouches pointues, les guêtres à anneaux brodés, sont remplacées par des linges sordides
maintenus à l'aide de ficelles. Les mendiants
de Callot sont gens bien vêtus, en comparai-
son de ces hercules, mais quelle carrure et
quelle admirable type : les traits sont d'une
pureté attique, l'œil très allongé est d'un bleu
indécis, la petite calotte rouge repose sur une
épaisse chevelure de ce blond chaud et coloré
qu'aimait le Titien, enfin de longues mous-
taches blondes, soyeuses et frisées à faire
croire aux artifices du petit fer, se détachent
en clair sur le teint basané et complètent la
mâle figure de ces magnifiques bandits.

Malheureusement, dans l'intérieur de la
ville, le sang slave s'est allié au sang italien,

et le costume porte la trace de concessions
nombreuses faites aux modes du jour. Jusqu'ici les femmes refusent de s'y soumettre,
parce que la coquetterie vient au secours de
la tradition : la couleur sombre de leur robe
tranche admirablement sur la blancheur immaculée de la petscha, et fait ressortir le
rouge vif du bas qu'elles aiment à montrer :
un petit gilet noir s'ouvre complaisamment
pour laisser voir une chemise montante, scru-
puleusement fermée, mais sous laquelle on
devine une poitrine irréprochable. Jamais
une femme ne reste inactive ; même en marchant, les unes brodent, les autres filent, d'au-
cunes tricotent bourgeoisement, mais toutes
semblent dans la domesticité de leur seigneur
et maître qui, suivant l'usage immémorial de
tous les orientaux, se croise les bras et passe
la journée couché au frais.

A Sebenico, il n'y a pas de cabaret, ou
plutôt le cabaret est transporté dans la rue ;
au-dessus d'une porte, vous voyez pendu au
bout d'un bâton un petit drapeau de papier
rouge ou blanc, sur lequel on a grossièrement
aligné dix, quatorze ou même seize gros
points noirs : c'est l'enseigne du marchand de
vins, elle apprend qu'on trouve chez lui du
vin rouge ou blanc, suivant la couleur du pa-

pier, aux prix de dix, quatorze ou seize *soldi* (1) la bouteille. Le procédé est primitif; mais, que voulez-vous? le dalmate n'a pas encore le bonheur de posséder l'instruction laïque, gratuite et obligatoire. La taverne, encombrée de gros tonneaux, ne laisse pas de place aux consommateurs, ceux-ci font remplir leur broc et s'installent, pour le boire, sur les marches de la rue, formant ainsi des groupes qui feraient le bonheur d'un peintre: une ruelle en escalier resserrée entre de hautes maisons, dans le fond une arche jetée au-dessus de la rue découpe sa silhouette hardie sur le ciel si pur qu'on dirait d'une bande de soie bleue jetée d'une toiture à l'autre, et sur les grandes dalles étagées des groupes de buveurs en calotte rouge, à la chemise débordante, au costume bariolé, se détachent crûment sur la teinte sale des grands murs.

Toutes ces ruelles forment de véritables casse-cous, et quand on suit ces pentes raides aux pavés disjoints, lorsqu'on descend les marches glissantes de ces escaliers tortueux, il ne faut pas trop se laisser captiver par les curiosités que l'on rencontre à chaque pas.

(1) Le *soldo* n'est autre chose que le *Kreutzer* que les Istriotes et les Dalmates n'ont pu se résigner à appeler par son nom ; il vaut deux centimes et demi.

Ici, c'est une vieille entrée gothique, ornée de capricieuses torsades et blasonnée aux armes de quelque noble vénitien, là une chapelle Renaissance dont les cloches, suspendues à une arcade, se balancent dans le vide, ailleurs une voûte élevée projette son ombre au-dessus de la rue et, à chaque pas, des groupes pittoresques prennent, sans y penser, des poses de statues antiques.

Malgré toutes ces curiosités, Sebenico présentait naguère un grave inconvénient pour les étrangers : on ne trouvait pas à s'y loger. Fort heureusement, un Italien a fondé sur le port un grand hôtel, l'*Albergo all' Pellegrino*, qui peut passer pour convenable dans un pays où l'on n'attache pas au mot propreté le même sens que chez nous. Suivant la mode italienne, la salle à manger est une grande pièce voûtée, supportée par de larges piliers ; un arbre généalogique étale fièrement sur la muraille nue les armes de notre hôte avec ses dix générations de noblesse paternelle, mais il serait préférable pour nous qu'il fût moins bon gentilhomme et meilleur cuisinier : tous ses plats ont une vague odeur de bouc, et les cornets de papier qui servent à boucher les bouteilles, n'empêchent pas celles-ci de faire admirablement l'office de pièges à mouches.

VIII

SPALATO

Sebenico est relié à Spalato par une ligne
ferrée qui est certainement une des curiosités
du pays. Les wagons sont d'anciennes voitures mises au rebut, et les employés sont des
paysans des environs qui n'ont pas même
changé de vêtement : on s'est contenté de leur
donner la casquette des employés des chemins de fer de l'Etat, et on imagine l'effet bizarre produit par cette coiffure administrative sur un costume oriental. La ligne de
Sebenico à Spalato doit avoir une importance
stratégique quelconque, car on la continue
sur Knin, et ce n'est pas l'industrie locale

qui le fera vivre. Nous sommes loin du temps
où l'on exploitait ici des mines d'or, dont la
richesse était passée en proverbe chez les Romains; aujourd'hui, le pays est un désert
d'une sécheresse et d'une monotonie désolan-
tes. Cette plaine dalmate a des tristesses de
fjeld norwégien: à perte de vue, le sol est couvert de grandes pierres plates, tellement ser-
rées qu'on a pu dire que la Dalmatie tout entière était dallée. Des collines aux mous contours ondulent à l'horizon, de loin en loin un
maigre olivier ou quelque figuier chétif étend
son ombre clair-semée sur un groupe de masures, amas informe de pierres sèches. De
grands paysans, blonds et déguenillés, plus
misérables encore que les malheureux que
nous avons rencontrés, à mille lieues d'ici,
sur les plateaux glacés des monts Dofrines,
sortent de leur tanière pour regarder passer
le train qu'ils ne prendront jamais. Les gares
sont construites en plein désert, et je ne sais
où on a trouvé les noms qu'on a donnés aux
stations: autour d'elles s'étendent d'immenses
espaces pierreux où le rocher émerge du sol
en forme de dents, et la plaine hérissée de
mille pointes semble une mer houleuse dont
les vagues auraient été subitement pétrifiées.
Parfois, au milieu de ces solitudes, on aperçoit

un pâtre vêtu de haillons éclatants, plus loin, c'est une bergère, blonde comme une scandinave, et suivie de quelques vaches maigres ou de quelques moutons étiques cherchant un brin d'herbe égaré entre deux pierres. Ces petites paysannes sont des artistes inconscientes, elles ont un goût exquis, un instinct particulier aux orientaux, et leurs broderies sont de véritables merveilles de dessin et de couleur. Parfois, l'œil étonné rencontre au milieu de ce désert, un champ protégé contre la dent des bestiaux par quatre murs de pierres patiemment amassées ; peine inutile, l'enclos n'abrite plus que des ronces et des épines : c'est là tout ce que la culture est parvenue à faire produire à cette terre ingrate. Mais le paysan slave ne s'est pas laissé facilement décourager, il a lutté corps à corps avec le sol, et ces murs en ruines qui n'entourent plus aujourd'hui que des champs de cailloux, témoignent des efforts qu'il a faits dans cette bataille où il a été définitivement vaincu. Le désert a repris ce que l'homme avait tenté de lui arracher, et les essais de reboisement n'ont pas mieux réussi que les tentatives faites pour acclimater la vigne. Cependant, nous avons vu, dans les environs de Sebenico, un jardin, un véritable jardin ; aussi fait-il la gloire de son propriétaire qui a cru devoir transmettre son nom à la postérité, dans une inscription latine où il se délivre à lui-même, dans un style naïvement pompeux, un brevet d'immortalité.

Cependant, à force de voir des pierres grises et des torrents à sec, nous approchons de Spalato ; ici, la terre semble moins dure et la végétation lutte avec le rocher. Peu à peu, les arbres prennent le dessus, les oliviers, les figuiers, la vigne même, finissent par triom-pher, et, quand nous passons à Branizza, — pittoresque village avançant dans la mer, au pied de grandes montagnes rocheuses, — les habitants sont en pleine vendange.

— « Spalato ! tout le monde descend ! »

C'est aujourd'hui jeudi, jour de marché, aussi le train amène-t-il six voyageurs : d'or-dinaire, on n'est pas si nombreux. — A l'en-trée de la ville, sur une place faiblement ombragée par de petits arbres au feuillage déjà rare, jauni par le soleil, nous trouvons une tribu de gens à turbans, Bosniaques ou Herzégoviniens, venus de l'autre côté de la montagne, avec leurs femmes et leurs bour-ricots. Ils font gravement la sieste, majes-tueux sous leurs haillons chamarrés, couverts de broderies fripées qui leur donnent des airs de grands seigneurs ruinés. Encore quelques pas et voici un quai bordé de maisons basses s'appuyant contre une antique muraille : nous sommes en face du célèbre palais de Dioclétien.

Sa haute façade a été si complètement mutilée, que l'on distingue à peine les colonnes qui supportaient la frise de ce gigantesque édifice ; les sculptures ont disparu, l'architecture même a été noyée dans les constructions modernes. Jadis, il y avait là une immense galerie, soutenue par cinquante colonnes dont la base baignait dans la mer ; architectes, peintres, sculpteurs, étaient accourus de la Grèce et de l'Italie, pour faire de ce palais, grand comme une ville, la plus fastueuse des demeures. Un jour, les Barbares sont venus, les sculptures ont été brisées, les statues sont tombées en morceaux, alors on a muré la galerie pour y percer trois étages de fenêtres, et les maisons s'accrochant entre les colonnes ont permis de dire qu'elles étaient suspendues comme des cages aux murs des chambres du palais. — Les Romains aimaient à faire grand, mais l'imagination reste confondue en présence de cet édifice aux dimensions colossales, assez vaste pour contenir une cathédrale et une résidence archiépiscopale, des thermes et

quatre églises, plusieurs places et un nombre
de maisons tel, que six mille habitants trouvent encore à s'y loger.

Maître du monde, Dioclétien n'avait pas
oublié la petite province où il avait vu le jour,
et dès l'an 291, il avait ordonné de construire
dans les environs de Salone le palais où il
comptait se retirer un jour. Les travaux ne
durèrent pas moins de douze ans: ils furent
terminés en 303, et alors le vieil empereur,
malade, fatigué du pouvoir, effrayé peut-être
par les menaces de Galère, jugea que le moment était venu pour lui d'abdiquer. L'histoire a gardé soigneusement le souvenir de
cette journée mémorable où, devant l'armée
et le peuple assemblés, Dioclétien déposa so-
lennellement la pourpre. Parti de Dioclea
comme simple soldat, il revint à Salone en
empereur philosophe, mais philosophe de
l'école de Senèque, car *l'aurea mediocritas*
rêvée par le sage ne pouvait lui suffire. En
renonçant au pouvoir, Dioclétien n'avait pas
dit adieu au faste, et quand de ses mains
impériales il avait cultivé les laitues de son
jardin, il aimait à retrouver dans son palais
des bords de l'Adriatique toutes les splen-
deurs qu'il avait laissées à Nicomédie. — Cette
existence dura neuf ans, jamais le vieil em-

percur n'avait été si heureux ; il se plaisait à
dire que sa vie datait seulement du jour où il
avait abdiqué, et on rapporte que Maximien-
Hercule, son ancien associé à l'empire, étant
venu le voir dans sa retraite pour le décider à
reprendre la pourpre, Dioclétien, pour toute
réponse, lui fit visiter ses jardins et son palais.

C'était bien la somptueuse demeure d'un
empereur romain ; mais, du dehors, elle avait
l'aspect d'une forteresse : Dioclétien connais-
sait ses compatriotes et jugeait prudent d'a-
briter derrière de solides murailles les tré-
sors dont il allait s'entourer. Les archéologues
sont parvenus, à force d'études et de patientes
recherches, à restituer une grande partie du
palais ; l'un d'eux, Adams, a même tracé de
l'édifice un plan dont M. Charles Yriarte s'est
aidé pour dessiner celui qu'il a joint à sa remarquable relation de voyage (1), savant travail auquel j'ai fait plus d'un emprunt et
guide précieux dans un pays où Bœdeker n'a
pas encore pénétré. — Le *palatium* présentait
la forme d'un carré flanqué de quatre tours
d'angle, les appartements impériaux occu-
paient la façade méridionale donnant sur

(1) *La Dalmatie*, par M. Charles Yriarte, *Tour du
Monde*, t. XXIX, XXXI et XXXII.

7

l'Adriatique, ils étaient précédés d'une immense galerie qui régnait sur toute la largeur du palais, soutenue par une gigantesque colonnade dont la mer venait battre les soubassements. Sur chaque face, le mur d'enceinte était percé à son milieu par une porte : celle qui était tournée vers le septentrion était la porte d'or, la porte de fer regardait l'occident, et on nommait porte d'airain celle qui menait vers l'orient. Pour ne pas rompre les lignes de la galerie, la façade méridionale n'avait qu'une poterne ouverte sur la mer et donnant accès dans un couloir voûté : on la désignait sous le nom de porte souterraine. Chacune de ces entrées correspondait à un corridor large comme une rue, et ces quatre avenues convergeaient au centre du palais pour former une place entourée d'un portique. Un temple magnifique en occupait un côté, auprès d'un escalier double qui montait au vestibule monumental conduisant aux appartements de Dioclétien ; enfin, derrière le portique, l'empereur avait fait construire un petit temple ciselé comme un bijou et destiné peut-être à abriter ses cendres.

Toutes ces constructions ne furent pas terminées avant 303, l'empereur habita le palais jusqu'à sa mort survenue en 312, et le siècle n'était pas encore écoulé que déjà les Barbares, Huns, Goths, Wisigoths, Vandales, attirés par la richesse de Salone, envahissaient la Dalmatie, incendiaient la capitale et pillaient le palais. — Les Barbares partis, les Salonitains relevèrent les murs de leur cité, réparèrent tant bien que mal le *palatium* et y installèrent un gynécée. En 475, l'édifice, complètement restauré, venait d'être aménagé de nouveau pour servir de palais quand les Barbares reparurent : cette fois, c'étaient les Hérules, des nouveaux venus, puis les Wisigoths et les Goths, regrettant sans doute de ne pas avoir tout détruit à leur première invasion. Cependant Constance parvint à leur faire lâcher prise, et, pour la seconde fois, on vit Salone et le palais de Dioclétien renaître de leurs cendres. — Cent cinquante ans se passent ainsi, mais une nouvelle invasion se prépare, plus longue et plus terrible encore que les précédentes ; pendant dix ans, les Lombards, les Avares, pillent et ravagent le pays. Cette fois, c'en est fait de Salone, la ville est détruite à jamais ; le palais a mieux résisté, et ses grandes murailles sont encore debout, lorsque, en 650, les Barbares se décident à partir. Alors les Salonitains descendent des montagnes où ils se sont réfugiés, ils n'ont

plus le courage de relever les ruines de leur
ville, et préfèrent chercher un abri dans le
palais, dont les épaisses murailles permet-
tront de se défendre, si les Avares reviennent
encore. Une crainte superstitieuse a empêché
les Barbares de détruire le temple de Jupiter :
les Salonitains y installeront leur cathédrale ;
le mausolée de Dioclétien a été respecté : ils
en feront un baptistère ; ils improviseront une
résidence archiépiscopale en murant les arcs
du portique ; quant à eux, ils se logeront partout où ils pourront, dans les corridors, dans
les galeries ou sous les escaliers. Ainsi fut
fondée cette ville, unique dans son genre,
construite par les habitants d'une grande cité
détruite, dans les ruines d'un palais dévasté :
ad palatium devint par corruption Aspala-
thum, puis Spalatum, que les modernes ont
traduit par Spalato, ou même Spalatro, ab-
surde barbarisme que nos cartes ont immédiatement adopté.

Il n'est pas toujours aisé de retrouver la
muraille antique, sous les constructions para-
sites qui la cachent. Des quatre tours d'angle
flanquant le mur d'enceinte, trois sont encore
debout : une méchante masure a pris la place
de la quatrième. Les quatre portes qui don-
naient accès dans l'intérieur du palais, sont

encore reconnaissables, bien que l'église de la
Bonne-Mort ait supplanté la porte d'airain. La
porte de fer était défendue par deux tours
octogones, et on admire toujours les restes
imposants de la porte d'or qui donnait sur la
route de Salone, et semble avoir été la princi-
pale entrée du palais. — Elle est ouverte en
carré, surmontée d'un arc cintré à tympan
évidé et à moulures sculptées ; de chaque
côté, on a creusé dans le mur une niche en
plein ceintre, reposant sur des pilastres à chapiteau corinthien. Au-dessus de ce premier
étage, règnent sept arcatures, dont quatre
murées alternant avec des niches ; chacun de
ces arcs reposait sur des colonnes supportées
elles-mêmes par des consoles ; mais les niches
sont vides, les consoles ne soutiennent plus
rien, et les chapiteaux restent en suspens, car
les Barbares ont brisé les sculptures et les
Vénitiens ont emporté les colonnes pour orner
leurs églises. Une corniche simple supportant
trois piédestaux où s'élevaient des statues
complétait l'ornementation de cette belle façade, que les architectes de l'époque romane
n'ont pas trouvée trop lourde pour servir de
modèle à leurs cathédrales.

Franchissons le seuil de cette porte et engageons-nous dans la ruelle qui occupe l'empla-

cement d'un corridor ; elle est bordée d'é-
choppes, de masures noircies où l'on découvre
de loin en loin quelques vestiges de sculpture
vénitienne, et nous arrivons sur la place du
Dôme. — En face, voici le perron conduisant
au vestibule d'honneur, majestueuse construction de forme circulaire, surmontée d'une
coupole, mais tellement effondrée que les
habitants ont dû renoncer à s'y loger. — A
droite, on reconnaît le grand portique que les
Salonitains ont muré, il y a douze siècles, pour
donner une maison à leur archevêque : depuis
lors, ses successeurs n'ont cessé d'habiter ce
palais improvisé sous une colonnade dont les
chapiteaux magnifiques sont admirablement
conservés. — Une étroite ruelle longe le palais
et conduit au mausolée de Dioclétien, petit
temple dont les dimensions ne dépassent pas
celles de nos chapelles funéraires ; malgré ses
proportions réduites, l'édifice est si gracieux
que l'exiguité même de ses formes, permettant
d'attacher plus d'importance à l'examen des
détails, devient presque une qualité. Un bas-
relief portant les attributs du culte de Bac-
chus court le long de la frise, au-dessous d'un
tympan brisé, et les archéologues, divisés sur
le point de savoir s'ils sont en présence d'un
mausolée ou d'un temple d'Esculape, sont

unanimes à considérer ce petit monument
comme une des œuvres les plus parfaites de
l'antiquité. Devant la porte, un sarcophage
dont le bas-relief représentant le combat de
Méléagre contre le sanglier, est peut-être une
allusion à la mort d'Aper tué par Dioclétien,
passe pour avoir renfermé les cendres de
l'empereur.

Enfin, faisant face au portique transformé
en palais, se dresse le Dôme, c'est-à-dire le
temple païen dans lequel les chrétiens ont
élevé leurs autels. Malheureusement, on ne
peut rien voir de l'extérieur qu'on restaure en
ce moment : l'édifice entier, le péristyle, la
coupole, le campanile même sont enfermés
dans une immense cage en bois. Peut-être
serons-nous plus heureux en essayant de
nous glisser à l'intérieur par une petite porte
dérobée, cachée au milieu des maisons ; mais
le temple, déjà sombre par lui-même, est encore obscurci par les échafaudages qui l'enve-
loppent, et la plupart des riches détails sa-
vamment décrits par M. Ch. Yriarte, nous ont
complétement échappé. Nous avons vu un
édifice circulaire surmonté d'une voûte en
coupole, huit colonnes corinthiennes en font
le tour, supportant un entablement énorme
dont les puissantes sculptures ont une richesse

et un relief prodigieux; au-dessus, on devine
une galerie, des bas-reliefs et un second étage
de colonnes surmontées elles-mêmes de l'entablement qui supporte la voûte. L'édifice est
d'une sévérité grandiose, et ce temple païen
rempli de ténèbres a des profondeurs mysté-
rieuses qui ajoutent encore à sa majesté. Le
christianisme ne l'a pas trop altéré en s'y lo-
geant : une fenêtre a été pratiquée en face de
l'entrée, la muraille a été défoncée pour faire
communiquer l'édifice avec une chapelle hors-
d'œuvre, qui rompt l'harmonie de la construction ; mais la chaire rappelant celle de Saint-
Marc et les dais gothiques protégeant les
autels placés entre les piliers, ne défigurent
pas trop ce monument célèbre, le plus complet
peut-être que nous ait légué l'antiquité.

Les savants ne sont pas d'accord pour dé-
terminer le culte auquel le temple était consacré, mais l'opinion qui semble aujourd'hui
prévaloir, est celle de M. Glavinich : d'après
l'érudit et regretté conservateur du musée, la
cathédrale de Spalato n'aurait été primitive-
ment dédiée ni à Jupiter, ni à Diane, ni à Cy-
bèle, comme on l'a prétendu ; elle serait un
immense et somptueux tombeau, mausolée
grandiose, que Dioclétien aurait fait élever
pour lui-même et sous ses propres yeux.

Pour l'archéologue, Spalato est une mine
inépuisable : en parcourant ces ruelles étroites
où jamais le soleil ne pénètre, il peut entrer
au hasard dans chacune de ces maisons, il
trouvera sous une boiserie, derrière un meu-
ble, ici un chapiteau corinthien, là un relief
ou une colonne ; et même, si ses loisirs le lui
permettent, pourquoi ne descendrait-il pas
dans ces souterrains immenses qui s'étendent
sous tout le palais et n'ont pas encore été ex-
plorés. On prétend que le naturaliste peut y
chercher fortune, et que des insectes extraor-
dinaires, derniers sujets d'espèces qui, depuis
des siècles, ont disparu de la surface de la
terre, se sont conservés dans cette ville souterraine, féconde en surprises de tous genres.

Mais ne nous attardons pas au milieu de
toutes ces antiquités, le marché réclame une
visite. — La vieille tour hongroise d'Harvoje,
avec sa couronne de machicoulis du XVe siècle,
étend son ombre sur la petite place où les
marchands de fruits et de légumes ont dressé
leurs tentes ; c'est une orgie de couleurs, une
débauche de costumes, et les voyageurs assu-
rent qu'il faut aller loin dans l'extrême Orient
pour trouver un coloris pareil. Le paysan dalmate, aux chausses pendantes, à la veste
brune couverte d'effilés écarlates et de gre-

lots d'argent ciselé, coudoie l'Herzégovinien
descendu de ses montagnes, en compagnie de
son inséparable bourricot chargé de volailles
pendues en grappes. L'Herzégovinien enroule
autour de sa tête un lourd turban rouge, il
porte la veste orientale et le pantalon croate
bleu passepoilé de rouge, avec des poches fes-
tonnées brillant comme les crevés d'un haut-
de-chausses; aux pieds l'opanké national, autour des reins une ceinture garance et sur le
ventre une vaste poche en cuir, d'où émer-
gent des pistolets albanais à la crosse ciselée
artistement, ou la poignée d'argent d'un *hand-
jar* richement damasquiné. La ceinture con-
tient encore une foule d'objets inconnus, maintenus à l'aide de chaînettes, de cordes à nœuds
ou de longues courroies pendantes, et ces
paysans dépenaillés, malgré leurs vêtements
en guenilles et le vulgaire cabas dont ils ne se
séparent jamais, trouvent encore moyen d'a-
voir grand air. Il en est dont le visage, enca-
dré de longs cheveux blonds, présente une
finesse tout aristocratique, mais le caractère
distinctif de la race, c'est l'élévation de la
taille et la carrure énorme des épaules.

Autant le paysan dalmate fait peu de frais
pour sa toilette, autant sa femme est élégante,
et la fraîcheur de son costume contraste avec

le linge plus que douteux de son mari. La tête couverte de la petscha immaculée, elle porte une robe blanche, sur laquelle est jetée une dalmatique toujours foncée, souvent gros bleu, rehaussée parfois d'une large broderie; un tablier rouge, assorti à la couleur des bas écarlates, couvre le devant de la dalmatique et complète ce costume de la plus exquise élégance. Rien de noble comme ce long vêtement dont notre clergé a gardé la tradition, il grandit la taille et donne à ces paysannes un port de reine; et puis quelle science des oppositions dans le choix de toutes ces teintes, admirablement choisies pour se faire mutuellement valoir : ces Orientaux sont des coloristes de génie.

A quelques pas du marché, s'étend au bord de la mer une grande place à arcades avec un vaste hôtel. Ces arcades se nomment les Procuraties comme à Venise, l'hôtel se nomme l'*Hôtel de la Ville* comme à Trieste, et M. Tocigl, son propriétaire, parle français comme un Parisien. A l'une des extrémités de la place, du côté de la mer, on remarque une fontaine monumentale, ornée de statues encore couvertes de leur chemise : voilà des années qu'elle est dans cet état, et longtemps encore les Spalatins attendront son inauguration, car

les travaux ont eu le malheur d'être entrepris
sous l'administration italienne.

A Spalato, comme dans toute la Dalmatie,
le parti slave et le parti italien sont en présence ; la campagne est exclusivement slave,
mais les villes du littoral avaient toujours
donné aux Italiens une forte majorité. Cette
situation dura jusqu'en 1882 ; à cette époque,
le parti slave s'organisa et, le jour des élec-
tions, il fit arriver à Spalato des milliers de
paysans qui, bulletin en main, déplacèrent la
majorité. L'administration passée aux mains
des Slaves, leur premier soin fut de révoquer
les fonctionnaires italiens qui accaparaient
tous les emplois relevant de la municipalité :
l'épuration frappa depuis le directeur du Gym-
nase jusqu'au dernier des sergents de ville.
La tâche du nouveau podestat consiste à
faire exactement le contraire de son prédéces-
seur. Tous les travaux commencés par l'administration italienne sont abandonnés : les
Procuraties allaient être continuées, on ren-
voya les maçons ; une fontaine venait d'être
terminée, on la couvrit d'un voile. — Il y a en
villes deux sociétés musicales, une société
slave qui peut se réunir quand elle le veut, et
une société italienne qui ne peut le faire sans
autorisation : il est vrai qu'on la lui refuse gé-

l.éralement. — L'antipathie des deux races va quelquefois plus loin : un soir, le théâtre italien faillit être détruit par un incendie, les Slaves furent accusés d'y avoir mis le feu, la justice autrichienne intervint, on arrêta une quarantaine d'individus, mais l'enquête ne put aboutir et, faute de preuves, il fallut relâcher les inculpés.

Les Italiens. complétement écrasés par leurs adversaires, se vengent misérablement sur les gens de la campagne qui viennent en ville les jours de marché, et ils ne leur épargnent ni les plaisanteries, ni les brimades, ni les petites vexations de tous genres. — A Sebenico, les *facchini* du port se contentent de « blaguer » le paysan ; à Spalato, les bourgeois s'embusquent derrière leurs volets pour lui lancer des pois à l'aide d'une sarbacane. Aussi le malheureux se tient-il toujours sur la défensive, et quand on lui propose de le photographier, son premier mouvement est de refuser tout net, dans la crainte d'une mauvaise farce.

Sous les Procuraties, nous trouvons nos Hongrois en train d'arroser d'un excellent *Rosolio* la cuisine de l'hôtel, « *ottima cucina* » comme dit le prospectus. On nous présente à M. l'abbé Bulich, le savant directeur du musée, qui veut bien se faire notre guide au milieu

des ruines de Salone, et nous voilà partis. —
Au train dont vont les petits chevaux dalmates, il faut à peine une heure pour arriver
aux ruines ; la route, bordée de champs pier--
reux, est encombrée de paysans et d'Herzégoviniens retournant dans leurs montagnes.
C'est un défilé de charettes barbares, de
petits ânes écrasés sous le poids de leur gi -
gantesque cavalier. Pendant que l'homme se-
prélasse, la femme suit à pied et souvent elle
porte sur la tête, l'outre qui sert de panier et
renferme les provisions. Ici, c'est un grand
gaillard à la moustache relevée, portant fièrement la médaille militaire sur sa veste dalmate ; plus loin, un vieux turc contemporain
de Marmont, la barbe longue, le turban
énorme, la figure craquelée de mille petites
rides, fait semblant de sommeiller sur sa
selle. Entre nous, tous ces gens-là ont des
têtes de bandits ; on a beau dire que la Dalmatie est le « pays des portes sans serrures »,
je crois qu'il ne serait pas prudent de s'aven-
turer sans revolver après le coucher du soleil,
et l'étranger doit prendre garde de se laisser
surprendre par la nuit qui arrive tout-à-coup,
et presque sans transition. Pendant le jour,
la route que nous suivons est très fréquentée,
et les diligences peuvent y circuler sans se

faire escorter d'un piquet de gendarmerie ;
mais je me suis laissé dire que tous les chemins ne sont pas aussi sûrs, et les offfciers
autrichiens mêmes n'osent pas trop s'écarter
de leur garnison. — A partir de Sebenico, les
douaniers, les agents de police, les gendarmes
se multiplient ; les gendarmes surtout : on en
rencontre sur toutes les routes, le plumet noir
flottant au vent, toujours corrects, toujours
gantés de blanc, luxe rare dans un pays où la
tenue militaire est quelque peu négligée ; seulement, dès qu'il est hors de la ville, le représentant de la loi décroche sa carabine à
répétition, y glisse une demi-douzaine de car-
touches, et continue sa route, le doigt sur la
détente du fusil.

Bientôt, on arrive à un carrefour orné d'un
obélisque où trois routes viennent converger ;
là, une sorte de caravansérail est ouvert aux
caravanes turques, sous la protection d'un
poste de douane. Un peu plus loin, les voitures s'arrêtent, M. l'abbé Bulich prend la tête
de la colonne, et nous nous engageons dans
un sentier qui monte au milieu des vignes.

Dans ce pays-ci, la viticulture est encore
en enfance, elle en est toujours aux méthodes
en usage au temps de Noé : point d'échalas,
point de fils de fer, point de berceaux, on cul-

tive une pièce de vigne comme un champ de
pommes de terre, les ceps se tiennent comme
ils peuvent et leurs grappes énormes poussent
au ras du sol. Naturellement les procédés de
fabrication ne sont pas plus perfectionnés, et
le dalmate n'arrive à tirer de ses raisins sa-
voureux qu'un gros vin épais. Deux bâtiments français sont là, dans le port, la quille
enveloppée de torchons mouillés, pour protéger leur cargaison contre les ardeurs du soleil, ils vont transporter à Cette, un char-
gement complet de vin dalmate qui,
convenablement traité, se transformera en
Corton ou en Château-Margaux, au choix du
fabricant. Il y a bien ici quelques crus spé-
ciaux qui produisent d'agréables petits vins,
tels que le Rosolio et le Maraschino, mais la
société œnophile, fondée à Spalato sous la
présidence d'un français, a encore fort à faire
pour perfectionner cette industrie, qui est
appelée peut-être à un grand avenir.

Les vignerons, reconnaissant de loin
M. l'abbé Bulich, accourent au-devant de lui,
apportant, l'un une pierre couvertes d'inscriptions latines, l'autre des ampoules romaines
ou des bijoux en bronze qu'il vient de trouver
dans la terre et qu'il offre à bas prix. —
Enfin, nous voici sur l'emplacement où s'éle-

vait Salone ; mais les Avares se sont cons
ciencieusement acquittés de leur tâche, et la
ville a été si complètement détruite, que, sans
notre savant guide, nous aurions pu passer à
côté des ruines sans en soupçonner l'existence ;
la vigne les recouvre entièrement, et il faut
creuser le sol pour retrouver les traces de la
grande cité. Cette tâche, continuée de nos
jours par M. Bulich, est loin d'être terminée ;
on est parvenu cependant à reconstituer l'antique basilique élevée au VIe siècle par les
Salonitains : c'était un vaste édifice, dans la
construction duquel les chrétiens avaient fait
entrer tous les matériaux, toutes les colonnes,
toutes les sculptures qu'ils avaient pu trouver
dans les ruines des temples païens. Il était
terminé par trois absides et entouré d'un
cimetière où l'on a découvert une innombrable
quantité de sarcophages couverts d'épitaphes
de citoyens marquants, consuls, questeurs ou
édiles. — Avant de quitter cette ville de tombeaux violés, de colonnes renversées, de chapiteaux brisés, M. Bulich nous signale sur un
sarcophage l'inscription suivante qu'il consi-
dère comme particulièrement intéressante :

DOMINE. PROPITIVS. ESTO. | REIPVBLICAE. ROMANAE

Vers la mer, s'ouvrait une porte monumen-

tale défendue par deux tours octogones, c'est
la *Porta Cœsarea*, pavée de larges dalles où
les roues des chars romains ont creusé deux
ornières. Plus loin, on trouve les restes d'un
amphithéâtre auprès d'un groupe. de maisons
de paysans, et voilà tout ce qui reste d'une
des plus grandes villes de l'antiquité: un pauvre hameau qui a hérité de son nom et s'appelle Solin.

Tout s'est réuni contre la malheureuse cité,
les Barbares se sont acharnés sur elle, et la
mer elle-même l'a abandonnée. Jadis Salone
avait un port fameux :

« *Qua maris Adriaci longas ferit unda Salonas* » (1)

Aujourd'hui l'Adriatique s'est retirée loin de
ses ruines, dont la mélancolie est encore
accentuée par la tristesse du pays qui les entoure. Il faut que l'amour du sol natal soit
bien enraciné dans le cœur pour que les Salonitains se soient obstinés à reconstruire leur
ville avec la persistance que l'on sait. Le lointain offre, il est vrai, une ligne de belles montagnes calcaires, dont la crête, fortement
redressée, s'interrompt pour laisser voir la
forteresse de Clissa ; mais, quand on a traversé le Giadro — l'Iader des anciens, — aux

(1) Lucain, *Pharsale*, IV, v. 404.

rives verdoyantes, bordées de grands peupliers, chose rare en Dalmatie, on ne découvre plus, au-delà des vignes et des oliviers rabougris, qu'une plaine monotone s'étendant au loin, pierreuse et nue comme un désert. De plus, le pays est malsain ; les moustiques, *papataci* ou *zanzare*, y pullulent, et les fièvres qu'on y contracte sont souvent dangereuses.

L'Orient n'a pas les merveilleux crépuscules des pays du Nord, ces nuits lumineuses toutes resplendissantes d'une mystérieuse clarté ; ici, on passe presque sans transition du jour à la nuit, et dès le coucher du soleil, l'étranger n'a plus d'autre ressource que l'inévitable *Caffé dei Signori*, à moins qu'il ne préfère monter à bord du *Delfino*, qui vient d'entrer dans le port et nous ramènera demain vers Zara.

IX

Zara.

A quatre heures du matin, un grand bruit
de chaînes nous apprit que nous levions l'ancre, et cinq heures après, nous entrions dans
le port de Sebenico. Nous avons deux heures
pour revoir la ville, nous égarer dans ses
ruelles en escaliers, au milieu de ses maisons
orientales où l'ogive vénitienne est venue
appliquer ses broderies. On séjournerait des
semaines entières à Sebenico, que chaque
jour amènerait la découverte d'une nouvelle
curiosité, d'un usage intéressant ou d'un costume merveilleux. Aujourd'hui, ce sont des
paysans venus d'un district voisin ; ils portent

leur fortune sur leur habit, et, n'ayant pour
tout bien que deux cents écus, ils se les attachent
sur la poitrine. Leur gilet est couvert de gros
boutons à grelot, tellement serrés l'un contre
l'autre, qu'ils ne forment plus qu'une cuirasse
d'argent ; le long de leur veste bleue passepoilée de rouge, de grosses boules en filigrane
se balancent sur quatre rangs de monnaies,
depuis le double thaler de Marie-Thérèse jusqu'à la pièce de cinq francs de Napoléon Ier,
dernier souvenir de l'occupation française. Je
compte quatre-vingts pièces sur une seule poitrine ; le mouvement du corps fait onduler ces
écailles brillantes ; le pommeau d'argent du
kandjar, passé dans la ceinture, vient heurter
la crosse ciselée des longs pistolets albanais,
et cette armure étincelante résonne avec un
cliquetis argentin.

Après avoir franchi le détroit qui fait communiquer le port de Sebenico avec l'Adriatique, et salué au passage le gigantesque lion
de Saint-Marc qui en domine l'entrée, le *Delfino* prend le large. Nous croisons à chaque
instant des felouques, avec leur grande voile
latine que Châteaubriand compare à l'aile
d'un oiseau de mer ; des polacres, à la proue
démésurément élevée, montées par des matelots ramant debout, suivant la mode adoptée

par les gondoliers vénitiens. A droite, la côte
profile la ligne monotone de ses collines, où
s'élevaient autrefois de riches forêts. — Les
Vénitiens ont commencé par y prendre les
bois dont ils avaient besoin pour la construction de leurs vaisseaux, ensuite les Dalmates
sont venus, coupant les arbres et envoyant
leurs chèvres pâturer dans le taillis ; enfin,
après quelques incendies, cette immense forêt
qui allait jadis de Fiume à Raguse, en suivant
le bord de la mer, avait complètement disparu
au siècle dernier. Alors seulement les Vénitiens
songèrent à faire une législation forestière, et
ils rendirent des édits pour favoriser le reboisement des côtes ; mais l'habitude de faire
vivre les troupeaux dans les bois était trop
invétérée pour que les édits de la République
pussent y porter remède ; Marmont ne fut pas
plus heureux, et la statistique apprend que
l'on comptait encore, à son époque, douze cent
mille chèvres en Dalmatie. Pendant un demi-
siècle, les gardes forestiers autrichiens ont
continué la lutte, à coups de procès-verbaux et
plus encore à coups de fusil ; enfin, la tenacité
de l'administration a triomphé de la résistance
des habitants : les plantations d'oliviers et de
chênes-verts sont en pleine prospérité, et nous
revoyons aujourd'hui la forêt chantée par

Homere, « forêt immense dont le flot bleu de l'Adriatique vient baigner les racines. »

Vers le soir, on signale un point blanc à l'horizon ; à mesure que l'on approche, on distingue des remparts, une porte Renaissance, des tours se détachant en clair sur la ligne sombre des côtes : c'est la blanche Zara. — Le vaisseau s'arrête au pied du rempart, en face de la porte San Chrysogone, haute à peine comme l'entrée d'une maison, et tellement remaniée par les Vénitiens qu'on la reconnaîtrait difficilement pour une construction romaine, sans l'inscription antique gravée sur son fronton.

Zara n'est guère connue à l'étranger que par son marasquin, et nombre de personnes n'ont jamais lu son nom que sur l'étiquette des longues bouteilles enveloppées de jonc qu'elle expédie dans le monde entier. — Le marasquin ayant fait la célébrité de la ville, il faut bien dire un mot de sa fabrication ; précisément, voici, près de la porte San Chrysogone, l'une des plus anciennes distilleries de Zara, où l'on compte autant de fabriques de marasquin que Cologne possède de Jean-Marie Farina. Ici Girolamo Luxardo offre gracieusement au visiteur une bouteille de *maraschino di Zara* prem.ère marque, il lui apprend de plus que cette liqueur est un extrait de griottes, petites cerises d'un goût aigre, très communes en Dalmatie, et qu'on n'a jamais pu acclimater dans aucun autre pays.

Mais pénétrons dans la ville : voici une enfilade de couloirs étroits, dallés, sans trottoirs et sans rigoles, que l'on nomme ici des rues. Il n'est pas facile de s'y retrouver, car elles se coupent toutes à angle droit. Cependant nous arrivons sur la place aux Herbes, où se tient le marché : auprès de l'étal du marchand de marée, se dressent des pyramides de légumes, des montagnes d'oignons, aliment préféré de l'ouvrier zaratin. Les quartiers de mouton sanguinolants égouttent au-dessus des paniers de figues ; dans un coin, une colonne antique, que les Vénitiens ont coiffée du lion ailé, a servi de pilori pendant tout le moyen-âge : on voit encore la chaîne de fer qui servait à attacher les banqueroutiers. Derrière, s'ouvre une petite place sur laquelle donne la façade du Dôme, édifice construit au commencement du XIIIᵉ siècle, par le doge Enrico Dandolo, qui avait à se faire pardonner la prise de Zara.

Les Croisés montés sur les galères vénitiennes faisaient voile pour la Terre-Sainte, lorsque le doge qui faisait partie de l'expédition leur proposa d'acheter leur concours

pour l'aider à s'emparer de Zara, dont la
République avait grande envie. La ville était
sous le protectorat du roi de Hongrie, telle
pape ne permettrait pas aux Croisés de tourner leurs armes contre un prince chrétien;
cependant Dandolo parvint, en y mettant le
prix, à faire taire les scrupules de ses alliés.
Zara emportée, restait à obtenir l'absolution
du Saint-Siège: c'est alors que la République
fit élever la cathédrale. — Les saxinelles, les
joubarbes ont poussé dans les fentes de la
pierre et dans les creux des sculptures, donnant ainsi un aspect plus vénérable encore à
sa façade romane, ornée d'arcatures enclavées; mais l'intérieur est encombré d'échafaudages, et ce sont des plâtriers qui restaurent
les frises.

La ville est coupée dans sa largeur par une
ruelle un peu moins étroite que les autres:
on l'appelle le Corso. Elle aboutit à la place
des Seigneurs, où une lourde bâtisse du
siècle dernier, construite pour servir de salle
du conseil au provéditeur vénitien, est occupée maintenant par la bibliothèque municipale. Un corps-de-garde dessiné par San-Micheli lui fait face, à côté du *Caffé degli Specchi*,
fréquenté par les fonctionnaires autrichiens.
— Plus loin, voici la place aux Cinq puits.

Les *cinque pozzi* sont toujours là, alignés comme pour une parade, fermés par des couvercles en fer, verrouillés et cadenassés comme des portes de prison, car l'eau douce est rare à Zara : un aqueduc romain l'amène en ville, mais ce sont les prisonniers qui la portent de maison en maison. Pendant les chaleurs, quand l'aqueduc est à sec, la population s'assemble autour des puits, bientôt des disputes s'élèvent, et, comme le Dalmate a la tête chaude, les couteaux ne tardent pas à entrer en jeu ; aussi maintenant, les puits ne sont plus ouverts que deux fois par jour, et la garde du poste voisin est chargée d'assurer le maintien de l'ordre.

Au-dessus de la place aux Cinq puits, les remparts, transformés en promenades, forment une terrasse d'où l'on découvre, dans un panorama merveilleux, tout l'archipel des îles dalmates, qui semblent flotter à la surface de l'eau. — Du côté de la terre, on a percé dans les remparts une porte magistrale, véritable modèle d'architecture militaire. San-Micheli a dessiné au milieu de sa large façade, un grand lion de Saint-Marc, qui détache son puissant relief au-dessus de l'inscription :

MARCVS · ANTONIVS · DIEDVS · 1543.

Enfin, la clef de voûte, ornée d'un cavalier bien campé sur son petit cheval dalmate, rappelle que saint Georges est le patron de la ville, et que Zara lui doit ses armes.

Les travaux de défense ont été accumulés sur ce point, le seul que la mer ne protège pas. Une fois la porte de Terre-ferme franchie, on se heurte aux ouvrages de la citadelle, et les Vénitiens ont creusé un canal pour couper Zara d'avec la côte. Les bateaux de pêche aux formes antiques, les polacres, les caravelles, les felouques, toute la flotille des îles voisines vient s'amarrer au pied du vieux rempart hérissé de grands aloës, et ce port improvisé dans un fossé de fortification n'est pas une des moindres curiosités de la ville. Toutes ces voiles latines, avec leurs grandes vergues recourbées qui se croisent en tous sens, accentuent la note orientale dans ce tableau fait pour tenter un artiste. Chaque felouque est gouvernée par un vieux pêcheur, sorte de patriarche à barbe vénérable; au centre du bateau, les femmes se tiennent debout, pressées l'une contre l'autre, et leurs chants, au rythme bien frappé, donnent la cadence aux rameurs.

Là encore, nous avons trouvé des costumes merveilleux, de belles filles, longues, minces, avec des vêtements plats qui dessinent admirablement les formes. Ces femmes ont traversé la Dalmatie dans toute sa largeur, pour venir vendre à Zara le bois qu'elles ont coupé en Bosnie ; mais les pêcheurs des îles montrent la même répugnance que les paysans de la montagne à se laisser photographier. Cependant, grâce à l'intervention des passants que ce spectacle amuse, une grosse fille de l'Herzégovine consent à laisser faire son portrait. Sa petite calotte rouge, couverte de broderies et de paillettes d'argent, laisse échapper deux longues tresses de cheveux noirs, entremêlés de larges rubans aux couleurs du Prophète, vert et rouge ; cinq colliers, formés de grains en filigrane d'argent passés dans un cordon de soie, descendent sur sa poitrine, à côté d'une douzaine de gros *talaris* à l'effigie de Marie-Thérèse ; un pardessus court, sans manches, en drap gros bleu rehaussé d'une large broderie à grands ramages, s'ouvre sur une chemise flottante toute fleurie de broderies multicolores ; la ceinture est fermée par une large plaque dorée, incrustée de cabochons, et un lourd chapelet d'argent s'enroule douze fois autour des reins ; enfin, la jupe blanche est protégée par un épais tablier à dessin rouge et jaune, rayé comme un tapis d'Orient. La pauvre fille ne comprend rien à ce qui va se passer, ces étrangers qui braquent sur elle un appareil inconnu n'ont rien de rassurant, et, sans la foule qui l'entoure, il n'est pas douteux qu'elle prendrait la fuite. — M. Ch. Yriarte raconte qu'ayant un jour rencontré, dans la cour du tribunal de Zara, deux vieilles femmes dont il désirait faire le portrait, celles-ci posèrent sans murmurer pendant une grande heure, convaincues qu'elles étaient devant le juge. — Pour qui l'Herzégovinienne a-t-elle bien pu nous prendre? et quelle supposition invraisemblable la vue d'un photographe a-t-elle pu faire éclore dans ce cerveau primitif?

En nous égarant dans le dédale des ruelles, si étroites qu'il suffit d'un torchon tendu d'un grenier à l'autre pour les couvrir comme d'un *velum*, nous avons fait deux trouvailles: le tribunal et l'église Santa-Maria. — Celle-ci est la chapelle d'un couvent de bénédictines; tout ce que le xviiie siècle a produit de rocailles contournées, de guirlandes de fleurs et d'amours joufflus, s'est donné rendez-vous dans cette église, où la sévérité des galeries, hermétiquement closes par un épais grillage, contraste avec la coquetterie mondaine qui règne dans tout le reste de l'édifice.

Quant au tribunal, c'est une maison bour-
geoise assez vulgaire, mais le hasard nous a
fait assister aux débats d'un curieux procès,
celui d'un jeune herzégovinien qui a pris
part à la dernière insurrection. La salle d'au-
dience n'a rien de magistral, c'est une grande
pièce coupée par une barrière en bois, derrière laquelle se tient l'auditoire. Le mur du
fond est orné d'une mauvaise chromo à
vingt-cinq kreutzer, représentant l'empereur
en uniforme gris; au-dessous, quatre messieurs vêtus de jaquettes sont assis devant
une longue table: ce sont les juges. La mise
du procureur impérial et celle de l'avocat
ne sont pas plus soignées que celle de mes
sieurs du tribunal; enfin, un greffier en veston
et un petit saute-ruisseau faisant fonction
d'huissier complètent l'assemblée qui n'a
rien d'imposant. Au milieu de la table, en
face du président, une paire de flambeaux
éclairent deux petits crucifix, l'un tourné vers
le public, l'autre regardant le tribunal. —
L'accusé, un beau grand jeune homme à figure
sympathique, comparait libre, sans menottes
et sans gendarmes; la stalle qu'il occupe est
à peine entourée d'une frêle barrière. Pendant
l'interrogatoire, tout le monde parle à la fois,
président, juges, procureur impérial et ac

cusé ; seul, l'avocat ne dit mot : c'est le monde renversé. Le saute-ruisseau introduit les témoins, leur fait étendre la main sur les deux crucifix, et tant que dure la lecture de la formule du serment, le tribunal et l'assistance se tiennent debout. Les débats ont lieu en langue slave, devant un auditoire exclusivement composé des compatriotes de l'accusé, auxquels on a fait déposer leurs armes à la porte ; mais que sont devenus les énormes et magnifiques pandours, à la taille démesurée, à la large poitrine couverte de médailles d'argent qui brillaient au soleil comme un miroir ? Hélas ! ces ancêtres de nos honnêtes « pandores » ont disparu avec les superbes gardes de ville qui faisaient naguère, à Sebenico, l'admiration des voyageurs.

Plus heureux est le porteur de reliques qui est ici une célébrité de la rue. Dans cette ville où la variété des costumes finit par lasser l'attention, un individu attire forcément le regard par son surplis crasseux, marqué d'une grande croix rouge ; un reliquaire d'une main, un tronc de l'autre, il circule au milieu de la foule, entre dans les boutiques, offre sa relique aux lèvres dévotes, reçoit un soldo et continue son chemin.

En somme, ce sont les gens de la campagne

et les pêcheurs des îles qui viennent apporter
à la capitale de la Dalmatie sa note la plus
pittoresque ; il y a trop de fonctionnaires à
Zara pour que l'habitant n'ait pas l'extérieur
et la manière de vivre de n'importe quel bourgeois de chef-lieu de département. Ainsi, le
piano est tenu ici en grand honneur : j'ignore
si on a jamais relevé le nombre de clavecins,
plus ou !moins fêlés, sur lesquels s'exercent
les jolies mains des zaratines, mais le chiffre
doit être formidable. — L'aspect général de
la ville, le type, les habitudes, tout ici est italien. Voilà près de neuf cents ans que les Vénitiens sont entrés à Zara ; huit fois la ville
s'est révoltée contre la sérénissime république,
et toujours celle-ci est arrivée, par les armes
ou par l'or, à en reprendre possession.

Son autorité y était tellement affermie que,
maintenant encore, par suite d'usages immé-
moriaux qui ont survécu à la République
elle-même, les Vénitiens exercent des droits
de pêche sur la côte dalmate. Ces huit siècles
d'occupation ont fait de Zara une ville entièrement italienne : y organise-t-on une société
de tir, on l'appelle la *Societa degli bersaglieri*,
les enseignes sont italiennes, et les rares noms
slaves inscrits sur les maisons sont affublés
de prénoms empruntés au calendrier italien.

Inutile d'ajouter que, politiquement, c'est le parti italien qui domine ici : la révolution municipale qui s'est accomplie, il y a cinq ans, à Sebenico et à Spalato, n'a pas eu le moindre contre-coup à Zara, où l'on reconnaît difficilement la ville qui s'est insurgée tant de fois contre la domination vénitienne. Tant que les sympathies irrédentistes restent à l'état platonique, les Slaves se taisent et laissent faire ; mais lorsqu'elles se manifestent dans la rue, elles provoquent des conflits comme celui qui s'est élevé quinze jours à peine après notre départ. — Une bande de jeunes gens, profitant de l'appel des hommes de la landwehr, s'avisa de parcourir la ville en chantant le chœur irrédentiste :

Viva Zara
E l'autonomia !

les soldats bousculèrent les chanteurs, une bagarre s'ensuivit, des bourgeois italiens ayant pris fait et cause pour leurs compatriotes furent assez malmenés, et il fallut l'intervention des officiers et de la police pour rétablir l'ordre.

Cette antipathie de races, que nous trouvons aussi vive à Zara qu'à Sebenico et à Spalato, met le gouvernement dans une position fort embarassante : appuyer les Italiens, c'est faire le jeu des irrédentistes; protéger les Slaves, c'est aider au développement d'une idée dont la réalisation serait bien autrement dangereuse pour la monarchie autrichienne. Le mouvement slave, signalé depuis plusieurs années, avance avec lenteur mais il avance toujours. — Là où la prépondérance de l'élément italien n'est pas un obstacle au développement de « la grande idée », celle-ci se manifeste encore avec plus d'énergie. — Un officier autrichien me contait, qu'en 1881, son régiment, traversant la Dalmatie pour entrer en Bosnie, fit étape dans un château où les officiers reçurent l'hospitalité. Dans toute la maison on n'aurait pu trouver un portrait de l'empereur d'Autriche, par contre celui du czar occupait au salon la place d'honneur, et comme un officier s'en étonnait, le châtelain lui répondit :

— Vous semblez oublier, Monsieur, que vous êtes ici sur la terre slave !

Un jour, j'eus avec un patriote slave la conversation suivante :

— Je vais vous sembler d'un chauvinisme ridicule, me dit mon interlocuteur, mais j'estime qu'il n'est pas de cause plus digne que la nôtre, nos oppresseurs étaient autrefois les Turcs, aujourd'hui ce sont les Hongrois et les Autrichiens. — Vous rappelez-vous les dé-

clamations bruyantes des Magyares deman--
dant leur autonomie? A la suite des revers de
1866, l'Autriche cède à leurs revendications ;
bien plus, elle leur livre la Croatie, oubliant
qu'en 1849 le ban Jellachich est accouru au
secours de la monarchie menacée par ces mêmes Hongrois. Les Magyares vont-ils donner
aux Croates et aux autres Slaves, répandus en
grand nombre sur leur territoire, un peu de
cette liberté qu'ils viennent d'obtenir pour eux-
mêmes? Non-seulement ils refuseront de faire
une Croatie autonome, mais encore ils lui re-
prendront le port de Fiume, en s'appuyant sur
un prétendu droit historique, et le gouvernement comprimera, en les dissimulant avec soin,
les tentatives de soulèvement qui se produiront
de temps à autre. — La dernière ne remonte
pas au-delà du mois de janvier 1886 : quatre
jeunes croates, ayant pu pénétrer dans la
caserne de Fiume occupée par un régiment de
leur nationalité, y répandirent le bruit qu'une
insurrection avait éclaté en Croatie, et qu'un
certain nombre de régiments avaient pris
parti pour les insurgés. Ils réussirent ainsi à
entraîner une partie de la troupe qui courut
aux armes. — Cependant, l'alarme ayant été
donnée, une compagnie restée fidèle accourut,
et les soldats récalcitrants consentirent à déposer les armes.

— Permettez ! si le gouvernement magyare a repris aux Croates le port de Fiume, c'est que ceux-ci étaient hors d'état de faire les dépenses nécessaires pour lui donner l'extension qu'il réclamait.

— Avec cette théorie là, on peut légitimer toutes les spoliations. Quant aux Slovaques du Nord, ils ne sont pas mieux traités que leurs frères du Sud, et, en Bohême, le parti centraliste a essayé de la violence pour étouffer les aspirations des Tchèques. Etonnez-vous donc, après cela, des rixes qui éclatent, dans l'armée autrichienne, entre les soldats de différentes nationalités.

— Mais il me semble que la Hongrie et l'Autriche ne font qu'user du droit de défense, en refusant aux Slaves une autonomie qui amènerait la dislocation de la monarchie. Au reste, vous ne parvenez pas à vous entendre : les Tchèques haïssent les Polonais qui n'ont pas de plus grands ennemis que les Russes, les Croates ne peuvent souffrir les Serbes, et ceux-ci ont montré, dans la dernière campagne des Balkans, une animosité extraordinaire contre les Bulgares.

— Nos divisions s'effaceront un jour, reprit mon interlocuteur, et l'avenir est à nous.

X

FIUME

Mœurs monténégrines. — Les Uscoques. — Le port de
Fiume et le gouvernement de Budapest. — La ville
hongroise et la ville italienne. — La Fiumara. — L'escalier sacré, l'église de Lorette et le château de Terzato. — Les Frangipani. — Une source montante. —
Bain de pétrole. — L'*Assassinio di Fualdès*.

Le paquebot-poste *Messina* ne met que dix
heures pour aller de Zara à Fiume : c'est un
des meilleurs marcheurs du Lloyd, mais chaque tour d'hélice imprime une secousse à tout
le bâtiment, et, à l'arrière, cette trépidation
continue n'est pas supportable.

A bord de la *Messina*, nous trouvons un
passager français, le seul que nous ayons
rencontré dans tout notre voyage, car c'est
incroyable comme on visite peu ce pays. Notre
compatriote arrive de Cettigné, et nous donne
d'intéressants détails sur les Monténégrins. —
Il paraît que la capitale de la principauté est
un grand village où l'on compte à peine vingt

maisons; les autres constructions sont des huttes indignes de ce nom. Les trois édifices les plus importants sont : le palais du prince, un couvent et un grand hôtel, subventionné par Son Altésse pour recevoir les diplomates étrangers, car les ministres accrédités auprès de sa personne n'out pas trouvé à se loger à Cettigné, et ils habitent presque tous à Raguse. De temps en temps, ils se transportent dans la capitale pour conférer avec le prince, mais habituellement ils résident sur le territoire autrichien.

Notre compatriote nous raconte un épisode de son séjour à Cettigné, qui peint les mœurs monténégrines mieux que ne le ferait une longue description. — Un jour, nous dit-il, je déjeunais tranquillement à l'hôtel qui devrait se nommer l'Hôtel des Ambassadeurs. et j'admirais le riche costume de mes voisins de table, des seigneurs venus de la montagne pour siéger au Sénat, lorsque tout à coup je vois les convives prêter l'oreille : un coup de feu a retenti dans le lointain ; une seconde détonation fait lever tout le monde ; à la troisième, les sénateurs jettent leurs serviettes et tirent leur kandjar. Les garçons de l'hôtel eurent grand peine à les calmer, assurant que ces détonations provenaient

des mines que l'on fait sauter dans les environs ; et, comme je m'étonnais de leur
promptitude à s'alarmer : — Que voulez-
vous, me dit un serveur, dans ce pays-ci, on
ne sait jamais ce qui peut arriver.

Le paquebot passe devant Segna, petit port
rendu fameux par les Uscoques, cette poignée
de pirates célèbres qui, durant plus d'un siècle, ont tenu en échec le Grand Seigneur,
l'Empereur et la République de Venise. Leurs
exploits sont demeurés longtemps légendaires
et le roman s'en est emparé. — Au commencement du XVIe siècle, trois ou quatre cents
chrétiens, chassés par les Turcs, vinrent
chercher un refuge au pied des montagnes qui
bordent l'Adriatique. Le seigneur de Clissa,
vassal du roi de Hongrie, était alors en guerre
avec ses voisins ; il appela les fugitifs pour
s'en faire des alliés et leur ouvrit les portes
de son château. Les réfugiés, les Uscoques
comme on les appelait déjà, étaient des amis
compromettants : ils entraient sur le territoire
turc, pillaient les villages et rançonnaient les
habitants, tant et si bien, qu'en 1554, le sultan
finit par envoyer un de ses pachas, avec ordre
de chasser les Uscoques, de s'emparer de
Clissa, et de lui apporter, dûment salée, la
tête du seigneur qui les avait accueillis. Le

pacha exécuta sa mission à la lettre, et voici
les Uscóques encore une fois sans asile.
L'empereur Ferdinand crut devoir utiliser
leurs services, et il leur permit de se réfugier
à Segna, dont le port, défendu par les récifs et
protégé du côté de la terre par de hautes montagnes, formait un vrai nid de pirates. Les
Uscoques, voyant leur troupe renforcée par
tous les malfaiteurs et toutes les ribaudes des
pays voisins, s'enhardirent bientôt au point
d'armer des barques pour piller indistincte-
ment le chrétien et le turc. L'empereur était
impuissant à réprimer leurs brigandages, le
gouverneur de Segna s'entendait avec les
pirates et partageait leur butin. Le Sultan, le
roi de France même, dont les vaisseaux
avaient été molestés, se plaignirent à Venise :
elle revendiquait la souveraineté de l'Adriatique et devait en faire la police. La République arma quelques galères, on prit quelques
pirates que l'on pendit haut et court, mais on
ne put pénétrer dans leur repaire, et les
courses continuèrent comme par le passé. —
Cette situation ne dura pas moins de cent ans:
pour prendre Segna, il fallait entrer sur le territoire de l'empire, et Venise aussi bien que
la Porte hésitait à déclarer la guerre à cette
puissance. Cependant, tous ces brigandages

finirent par inquiéter l'empereur lui-même,
qui envoya l'ordre de pendre les chefs et de
disperser les pirates ; mais ceux-ci parvinrent
à rentrer dans Segna pendant la nuit et mas-
sacrèrent le nouveau gouverneur. Cela se pas-
sait en 1602 ; dans cette seconde période, le
nombre des Uscoques ne dépasse pas encore
six cents hommes, et ils vont tenir tête à trois
grandes puissances. — C'est, dit M. Charles
Yriarte auquel j'emprunte tous ces détails,
un des plus curieux spectacles qu'offre l'histoire : un jour, ils vont piller Sebénico ou ils
tombent à l'improviste sur Pola ; un autre
jour, ils pénètrent dans le port de Fiume, où
ils capturent quatre-vingts vaisseaux ; Venise
envoie contre eux une flotte, ils surprennent
la galère capitane, la ramènent à Segna et,
dans une orgie colossale, tranchent la tête aux
officiers, égorgent l'amiral et lui mangent le
cœur. A cette nouvelle, la République somma
l'empereur de faire justice des Uscoques, et
l'on vit deux grands Etats en venir aux mains
à l'occasion d'une bande de brigands. Les habitants de Segna, effrayés des représailles san-
glantes dont les Vénitiens les menaçaient, se
tournèrent contre les pirates et envoyèrent au
Grand Conseil les têtes de leurs chefs ; dès lors,
la guerre n'avait plus de motif, et le traité de

Madrid consacra, le 26 septembre 1617, la destruction des Uscoques : on fit un recensement des cinq cents hommes qui restaient, et on les transporta à Carlstadt, où leurs descendants se sont perpétués, assure-t-on, dans les districts de Mœttling et de Tschernembl, où ils se distinguent encore par la singularité de leurs usages.

A quatre heures du matin, la *Messina* entrait dans le port de Fiume ; le débarcadère est loin du centre de la ville, et, à cette heure matinale où les rues sont encore désertes, trouver un hôtel n'est pas chose aisée. — Fiume, situé à la pointe du terrible golfe de Quarnero, est le seul port de la Hongrie : le gouvernement de Budapest vient d'y exécuter d'immenses travaux, qui en font un des ports les plus importants de l'Adriatique. Les Magyars voudraient attirer à Fiume le courant commercial qui s'est établi vers Trieste : ils ont creusé des bassins, élevé une digue énorme, construit des docks, enfin ils envoient des missions scientifiques dans les pays voisins pour essayer de créer des débouchés à leur port : ce qui leur procurerait la double satisfaction de s'enrichir d'abord, et ensuite de jouer un bon tour à l'Autriche.

De la ville elle-même, il y a peu à dire. De

même qu'à Trieste et à Pola, la côte est bordée de quartiers neufs et insipides : c'est la ville hongroise. Mais passons sous la porte de l'Horloge et engageons-nous dans les ruelles grimpantes de la ville italienne : aux fenêtres pendent des guenilles sordides, devant les portes les habitants font leur cuisine en plein air, une odeur d'oignon vous prend à la gorge et vous poursuit jusque dans la cathédrale, modeste édifice précédé d'un campanile italien. A quelques pas de là, un arc-de-triomphe romain enjambe la rue, et ses grosses pierres frustes rappellent l'*arco di Riccardo* que nous avons vu à Trieste.

Fiume rachète cette pauvreté de monuments par son admirable situation. Au sortir de la ville, le plateau du Karst liburnien contre lequel elle s'appuie, offre une de ses cluses les plus sauvages : c'est la Fiumara. — Du sommet à la base, la montagne est fendue, et un torrent, une *recca*, comme disent les gens du pays, court au fond de cette crevasse grandiose pour aller se jeter dans la mer, en formant un petit port ombragé de grands arbres. Au-dessus du précipice on aperçoit les tours d'un château en ruine, à côté d'un village et d'un couvent auquel on monte par un escalier monumental en grande vénération dans le pays. Une pieuse légende veut que, le 12 mars 1291, la maison de la Sainte Vierge ait été transportée par les anges depuis Nazareth jusqu'au sommet de cette montagne, avant de traverser l'Adriatique pour aller se poser à Lorette le 9 décembre 1294. Un couvent de Franciscains a été construit sur l'emplacement qu'elle a occupé, et c'est par milliers que l'on compte les pèlerins qui font le vœu de gravir pieds-nus les quatre cents marches qui y conduisent.

Au bas de l'escalier sacré, des paysannes viennent d'accomplir le pèlerinage, leurs souliers à la main ; mais, pour celui qui garde sa chaussure, la montée n'est pas fatigante, car elle est coupée par une soixantaine de paliers, dominant complètement le gouffre qui se creuse à mesure que l'on s'élève. Au sommet, nous trouvons l'église de Lorette toute grande ouverte ; entrons, c'est aujourd'hui dimanche et les fidèles se pressent dans la nef. Les plus zélés ont envahi le chœur dont ils font le tour en se traînant sur les genoux, tandis que d'autres baisent pieusement les portes du sanctuaire. Nous retrouvons ici toutes les petites industries des églises italiennes, les mendiants trembleurs, les marchands de scapulaires et les fabricants de petits Jésus en cire, qui spéculent sur la pitié des uns ou sur la dévotion des autres. L'église possède un portrait de la Sainte Vierge qui, d'après la tradition, aurait été peint par saint Luc lui-même; cette image vénérée est à Fiume ce que Notre-Dame des Flots est au Hàvre ou la Vierge de la Garde à Marseille. Quand un navire est en détresse, ce qui arrive fréquemment dans le golfe de Quarnero, c'est la Vierge de Terzato que les matelots invoquent, et les innombrables *ex-voto*, suspendus aux murailles de l'église, attestent la reconnaissance des marins non moins que la puissance de leur protectrice.

Terzato, dont les Hongrois font Trsat, est construit sur l'emplacement de l'antique Tersatica, mais le village n'offre d'intérêt que par la merveilleuse position qu'il occupe. Pour visiter le château des Frangipani, dont les tours délabrées font si bon effet au-dessus du gouffre, il faut pénétrer dans une maison de paysan, d'où une vieille femme va nous conduire aux ruines. — Deux tours romanes, présentant encore d'intéressants vestiges d'une corniche à billettes, menacent de s'écrouler sur une troisième tour que l'on a récemment couronnée de créneaux à la lombarde. On y grimpe par un escalier en ruine,

un robuste figuier est en train d'en desceller
les marches, et là, en tournant le dos à
Fiume, vous avez devant vous un admirable
paysage : à vos pieds, le précipice s'ouvre
béant, et au fond de l'abîme une oasis de verdure s'étend le long de la Recina, entre deux
montagnes décharnées comme des squelettes.

Le Karst est le pays des surprises : au cœur
de ce désert pierreux, au milieu d'un chaos de
rochers qui n'ont même plus de forme, la terre
s'entrouvre brusquement. L'Italien appelle ces
crevasses effrayantes *foibe*, le Slave *dolina*,
et le Frioulan, plus imagé dans son langage,
inglutidor. Là, au plus profond de l'abîme,
l'œil étonné aperçoit de la verdure, des arbres, une prairie, Eldorado fantastique défendu par un précipice infranchissable. Mais,
ce qui fait de la vue du Terzato un panorama
d'une rare beauté, c'est qu'il suffit de tourner
la tête pour embrasser du regard tout le golfe
de Quarnero, les maisons de Fiume, les vaisseaux à l'ancre, tandis que les eaux bour-
beuses de la recca laissent sur la mer une
longue traînée jaune qui va se perdre au loin
dans les flots bleus de l'Adriatique.

Les anciens seigneurs de Terzato étaient les
Frangipani, dont le nom a une glorieuse étymologie s'il dérive, comme on le prétend, des

mots latins : *frangere panem*, en mémoire
d'un de leurs ancêtres qui, dans un temps de
famine, aurait distribué du pain au peuple de
Rome. — Gibelins ardents, les Frangipani
firent à la papauté une guerre acharnée et
quand, en 1111, Gélase II se vit arraché de
l'autel, c'est un Frangipani qui le frappa de
son gantelet de fer. Cependant, au siècle suivant, un autre Frangipani livra Conradin à
son rival Charles d'Anjou, reçut pour prix de
sa trahison de grands fiefs dans le royaume
de Naples, où il devint la tige d'une nouvelle
branche de cette illustre famille qui subsiste
encore en Autriche et en Hongrie, mais bien
déchue, bien oubliée, malgré l'invention de la
frangipane qui a fait plus pour la notoriété de
son nom que toutes les prouesses des cheva-
liers qu'elle a donnés au moyen-âge (1). Leurs
descendants ont vendu les ruines de Terzato
à un gentilhomme irlandais au service d'Autriche, le comte Nugent. Il a fait consolider les
tours et construire, au milieu du jardin, un
petit temple grec assez prétentieux qui sert de
chapelle funéraire aux membres de sa famille.

(1) Des généalogistes prétendent que les seigneurs de
Terzato n'étaient pas de la famille des Frangipani, de
Rome, et qu'ils descendaient d'un patricien de Venise,
Zuane Schinella qui, au xiii⁰ siècle, avait reçu en fief
l'île de Veglia, et pris le titre de comte Frangipani.

Deux griffons héraldiques, peints en vert, gisent brisés sur le perron, auprès de la modeste
colonne élevée par les Italiens sur le champ
de bataille de Marengo. Lorsque les Autrichiens ont repris la Lombardie, ils se sont
donné le plaisir facile d'abattre ce petit monument que le feld-maréchal Nugent a fait transporter jusqu'ici. Il a sauvé également quelques
statues, quelques bas-reliefs antiques provenant en partie de l'ancienne Tersatica, et il en
a fait un petit musée dont ses héritiers ne
semblent pas faire grand cas : le jardin n'est
pas entretenu et le temple grec lui-même
tombe en ruines.

La Recina présente une particularité signa-
lée par les géographes. « A quelques centaines
« de mètres én avant de son embouchure, dit
» E. Reclus, ses eaux sont plus que décuplées
« par une source énorme montant de la base
« d'un rocher, en bouillons qui se pressent les
« uns les autres, comme si la place leur man-
« quait. » Impossible d'être venu à Fiume
sans aller voir cette source merveilleuse. —
La route, suspendue au-dessus du ravin, passe
au pied du rocher à pic qui porte les ruines
du château des Frangipani, et dans le fond
les usines échelonnées sur les rives de la
recca ne parviennent pas à enlever à cette

gorge sauvage son caractère grandiose. Des blocs énormes sont venus rouler des sommets du Karst jusque dans le torrent, formant ainsi un barrage que l'eau a fini par traverser ; à plusieurs endroits, la pierre a été rongée, perforée, et la Recina semble véritablement sortir du roc dans l'épaisseur duquel elle s'est frayé un passage : voilà sans doute « la source énorme montant de la base d'un rocher, en bouillons qui se pressent les uns les autres. »

Quand on a parcouru les quartiers italiens, visité Terzato, fait le tour du port et longé la grande digue qui le protège contre les fantaisies du Quarnero, on a épuisé tous les plaisirs que la ville peut présenter à l'étranger. Elle n'offre pas même la ressource des bains de mer : à Fiume comme à Trieste, à Pola et à Zara, on se baigne au beau milieu du port, mais ici l'eau est couverte d'une couche d'huile de pétrole provenant d'une fabrique voisine. Pour occuper la soirée, on a encore l'*Anfiteatro fenice;* mais tout le monde n'a pas le courage d'aller voir jouer l'*Assassinio di Fualdes.*

XI

Le désert pierreux et l'enfer du Dante. — Cascades sou-
terraines. — Une gigantesque éponge pétrifiée. — Mugissements du sol. — Les grottes d'Adelsberg. — Salle
du Dôme. — Un bal à trois cents pieds sous terre. —
Le *Stock im Eisen.* — Draperies sonores. — Une cathédrale fantastique. — Adelsberg et Han. — Le *Proteus anguineus.* — Un lac à soupapes et une rivière à
surprises.

Entre Fiume et Saint-Peter, la voie longe
d'abord la côte, passe non loin d'Abbazia, célèbre station balnéaire, entourée d'une végétation tropicale qui contraste singulièrement
avec les solitudes arides du Karst où nous
allons nous engager. Jadis, l'Istrie et la Carniole étaient couvertes de forêts immenses, et
un ancien dicton assure que l'on pouvait aller
d'une extrémité à l'autre du pays en marchant
sur la cîme des arbres ; mais les troupeaux,
les incendies et surtout l'égoïsme de la Répu
blique de Venise en ont fait un désert. Nulle
part, le pays n'est plus triste qu'aux environs

de Saint Peter, et les tentatives de reboisement n'ont pu encore lui faire perdre sa teinte
grise et son aspect désolé.

Elisée Reclus en donne une description sai-
sissante : « Le Carso est un plateau unique en
« Europe par son chaos de pierres, par les
« inégalités bizarres de ses roches fendues...
« Çà et là, se dressent des murs, des obélis-
« ques inégaux, des entassements de blocs
« pareils à de grossières statues, mais presque
« partout les saillies de calcaires, entourées de
« fragments brisés, ne laissent dans l'esprit
« que l'idée d'un effroyable désordre : là où
« les chemins n'ont pas été tracés à grands
« frais, à travers ce prodigieux entassement
« de ruines, la marche est fort pénible, même
« en certains endroits elle devient impossible
« à cause des gouffres qui s'ouvrent de toutes
« parts dans le désert pierreux et même sur la
« pente des collines.... Les uns ont l'aspect
« régulier d'un entonnoir, les autres ressem-
« blent à des puits, et leurs parois sont cou-
« pées verticalement ; d'autres encore sont
« taillés en forme de cirques, et des rangées de
« gradins les entourent : c'est ainsi que le
« Dante s'était figuré les cercles de l'enfer
« s'enfonçant dans les abîmes de la terre
« comme une pyramide renversée. »

Quelques géologues ont voulu voir dans ces formations étranges le résultat du tassement des assises inférieures, d'autres les considèrent comme produites par d'immenses éruptions d'eaux minérales qui auraient désagrégé le calcaire, d'autres enfin pensent qu'elles sont dues à des pressions latérales qui, repliant l'écorce terrestre, ont forcé les eaux à se creuser des lits souterrains. — Aussi la partie la plus curieuse de Karst n'est pas celle que l'on voit à la surface du sol : la couche calcaire recouvre d'immenses cavernes où les eaux se sont amassées, formant ici un lac et là des torrents, des cascades qui bondissent dans les profondeurs de la terre. Près de Trieste, une rivière, la Rieka, s'enfonce tout à coup sous une arcade de rocher, accomplit sous terre un parcours de trente-cinq kilomètres à trois cents mètres de profondeur, passe sous le gouffre de Trébic qu'on ne peut mieux comparer qu'au *regard* d'un canal d'égout, puis reparaît enfin à la lumière pour s'élancer du sein des rochers dans l'Adriatique. Ce sont les célèbres bouches du Timavo chantées par Virgile, et que Strabon appelle la mère de l'Adriatique.

On a pu comparer le Karst à une gigantesque éponge pétrifiée, et sa prodigieuse ri-

chesse en animaux conchyliens a permis au
géologue Breindl de dire que c'était un cimetière de créatures disparues. Dans ce monde
souterrain et mystérieux où l'homme a encore
tout à découvrir, dans ces grottes évidées par
les eaux, cavernes immenses qui passent tout
ce que l'imagination la plus fantastique a pu
rêver, il y a de merveilleuses floraisons minérales, des forêts de stalactites splendides,
peuplées d'animaux inconnus, d'insectes et de
reptiles sans yeux; et comme si tous ces prodi-
ges ne suffisaient pas à frapper l'imagination,
parfois pendant l'été, au lever et au coucher
du soleil, un bruit formidable sort de terre,
et un jour ces mugissements furent si ef-
frayants que les habitants terrifiés s'enfui-
rent, abandonnant leur pays aux esprits dont
ils croyaient entendre la voix.

Les grottes d'Adelsberg ne sont qu'une fai-
ble portion des cavernes qui courent en tous
sens sous le sol de l'Istrie; découvertes au
moyen-âge, perdues pendant plusieurs siècles
et retrouvées seulement en 1818, elles n'ont
encore été explorées que sur une longueur de
quatre kilomètres que l'on met deux heures à
parcourir. Les grottes sont administrées par
une société privée qui en a réglementé et ta-
rifé la visite. A dix heures du matin, éclai-

rage électrique, la carte d'entrée coûte 2 florins, 75 kreutzers ; pour 1 florin de plus, vous pouvez faire la moitié du parcours en voiture à bras mise sur rails ; une chaise à porteurs coûte 5 florins, et tout pourboire est sévèrement interdit. L'entrée des grottes est à un kilomètre environ du village, tous les omnibus d'hôtel ont été mis à contribution pour transporter les voyageurs, car ils sont nombreux aujourd'hui, et les conversations se croisent dans les idiômes les plus variés. C'est une rumeur confuse d'anglais, d'allemand, d'italien, dominée par les exclamations bruyantes d'une bande de boutiquiers parisiens, amenés en droite ligne de la rue Saint-Denis par quelque train de plaisir. On descend en face d'une sorte de haut portail ouvert entre deux assises parallèles de rochers, la grille s'ouvre, et une équipe d'employés va nous guider dans le souterrain. Des salles succèdent aux couloirs, une rivière s'est engagée dans la montagne en même temps que nous, on la traverse sur un pont naturel pour arriver à la salle du Dôme, où l'on entend clapoter l'eau à des profondeurs inconnues. Ici la voûte atteint déjà vingt-deux mètres de hauteur, mais dans la demi-obscurité que les lampes électriques ne parviennent pas à dissiper, l'œil essaie vainement de percer les ténèbres pour chercher les limites de cette caverne immense, encore grandie par l'imagination. — De nouvelles galeries conduisent à la salle de l'empereur Ferdinand qui n'a été découverte qu'en 1816; depuis cette époque on y célèbre chaque année, le lundi de la Pentecôte, une grande fête qui attire toute la population des villages voisins. Ce jour-là, l'illumination est féérique, les voûtes retentissent de joyeux accords et le bal s'ouvre à trois cents pieds sous terre. — En 1829, on a découvert une grotte immense dont les proportions dépassent toutes les autres, elle n'a pas moins de trente -quatre mètres de haut et en mesure deux cents sur chacun de ses côtés; mais elle est moins remarquable par ses dimensions colossales que par ses admirables stalactites. Celles-ci affectent toutes les formes, présentant ici une cascade, là un palmier, et plus loin de grossières statues où le Viennois aime à retrouver son *Stock im Eisen* légendaire. Une grande draperie blanche descend comme un immense linceul, et ses longs replis translucides vibrent harmonieusement sous le doigt qui les frappe. Des piliers énormes montent jusqu'à la voûte tapissée de mille pendentifs, d'autres gisent renversés sur le sol

auprès de stalagmites qui se dressent comme
des fûts de colonnes brisées. Tout cela brille,
étincelle, éblouit : on se croirait au milieu des
ruines d'une cathédrale fantastique. Malgré
les explications saugrenues des guides et les
remarques idiotes des compatriotes que le
hasard nous a donnés pour compagnons, l'effet est encore prodigieux; pour en jouir complètement, il faudrait pouvoir errer seul dans
ces grottes immenses avec un guide muet.

Faut-il l'avouer? Adelsberg ne produit pas
toute l'impression qu'on peut attendre. — En
Belgique, il y a des grottes peu connues que
l'on désigne dans le pays sous le nom de « Trou
de Han » : elles ne possèdent ni l'étendue, ni la
richesse en stalactites, ni surtout la célébrité
de celles d'Adelsberg, cependant on n'éprouve
pas ici la sensation d'écrasement que donne le
gigantesque dôme de Han, et je ne vois rien à
Adelsberg qui puisse être comparé à la sortie
de la Lesse, quand, embarqué à trois cents
pieds de profondeur sur une rivière mystérieuse, on éteint les torches et on vous montre tout-à-coup, au milieu des ténèbres, un
point bleu qui augmente, grandit, s'éclaire, et
passe par mille transitions avant d'arriver à
la lumière du jour.

Par contre, une curiosité des grottes

d'Adelsberg que l'on chercherait en vain dans celles de Han, c'est le *proteus anguinens* dont un specimen nous a été montré par des gamins. Il ressemble à une anguille avec quatre petites pattes, minces et effilées; celles de devant sont tellement faibles qu'elles ne peuvent soutenir le poids du corps, celles de derrière tellement imparfaites qu'elles semblent atrophiées. Le protée, créé pour vivre dans l'obscurité, n'a pas d'yeux : deux points noirs en marquent seulement la place. D'une couleur blanche et transparente quand il reste dans son élément, son corps, dès qu'on l'expose à la lumière, prend une teinte rosée qui se fonce progressivement et finit par devenir olivâtre. Les lacs souterrains de la Carniole, lugubres réservoirs où n'est jamais entré un rayon de soleil, sont les seuls endroits du monde où l'on découvre cette créature anormale. Bien qu'on le suppose privé d'organe visuel, le protée ne peut supporter l'éclat du jour sans manifester un sentiment de malaise; en captivité, il refuse toute nourriture et vit pendant des années entières sans prendre aucun aliment. Sa mâchoire, abondamment fournie de dents, semblerait devoir le faire classer parmi les animaux de proie, mais jamais on ne l'a vu manger. — Le Dr J. Franklin,

dont l'ouvrage *La Vie des animaux* fait les
frais de cette digression, estime que le protée est dans la chaîne des êtres vivants un des
anneaux les plus intéressants de la nature,
puisqu'il relie les reptiles aux poissons. Sa
découverte permet de supposer qu'il y a, dans
les entrailles de la terre, des merveilles qui
jusqu'à présent ont échappé aux recherches
de l'homme, et la conclusion du savant naturaliste est que l'existence du protée élève l'esprit vers le Créateur qui sait produire et con-
server la vie — sans aucun doute, avec
les jouissances qui y sont attachées — dans
des milieux qui semblent appartenir au néant.

Entre Adelsberg et Laibach, le chemin de
fer laisse à droite un lac fameux, décrit par
Strabon et chanté par le Tasse : c'est le lac
de Zirknitz dont le fond est percé de quatre
cents trous par lesquels l'eau dégorge ou
s'écoule suivant que la pression atmosphéri-
que augmente ou diminue. Parfois, comme en
1871, il est complètement à sec; parfois il déborde subitement et inonde tout le pays.
Plus loin, la voie s'engage dans la brèche
d'Oberlaibach, grande tranchée naturelle ouverte dans le Karst : là viennent converger
les routes de Goritz, de Trieste et de Fiume.
Depuis l'époque romaine, ce col a été le grand

chemin des invasions ; c'est au Nord-Est la
véritable porte de l'Italie, et les patriotes de
la péninsule n'ont pas manqué de la revendi-
quer : il est vrai qu'ils en demandent bien de
l'autre.

Pour sortir des montagnes, le chemin de
fer franchit, à cent-vingt pieds de hauteur,
un viaduc à deux étages, long de 569 mètres,
et il traverse la Laibach, curieuse rivière qui
n'est autre, suppose-t-on, que la Poik dont la
source est près de Saint-Peter. Après un
cours de trois à quatre lieues, elle se perd dans
la grotte d'Adelsberg, reparaît dans les environs de Planina où, sous le nom d'Unz, elle
serpente pendant dix kilomètres pour s'en-
gloutir à nouveau auprès de Loitsch ; enfin
elle sort une troisième fois près d'Oberlaibach
et devient immédiatement navigable. Il est
curieux de suivre sur la carte la marche de
ces rivières qui coulent tantôt à la surface du
sol, tantôt dans les profondeurs de la terre,
et dont le tracé souvent interrompu, a été
comparé aux morceaux d'un serpent coupé
qui essaieraient vainement de se rejoindre.

XII

Laibach et le congrès. — La Princesse Impériale. —
Vallée de la Save. — Combat de Tarvis. — Villach et
la vallée de la Drave. — Lienz. — Vallée de l'Isel. —
Wendisch-Matrei. — Le Kals-Matreier-Thoerl. — Kals.
— Le Brenner.

Après avoir traversé sur une longue digue
la lande marécageuse qui entoure Laibach, on
entre dans la capitale de la Carniole, petite
ville bien calme, avec une église italienne
peinte en jaune et décorée avec profusion de
fresques et d'ornements en stuc. Derrière la
ville, une colline boisée supporte un vaste
château dont les tours, récemment crénelées,
sortent d'un fouillis de verdure ; ce lieu de
plaisance a été transformé en maison d'arrêt :
c'est à donner envie de commettre un méfait
quelconque pour y passer une saison. Voilà
tout ce qui reste des anciennes fortifications
de Laibach, qui fut jadis un des principaux
boulevards de l'Autriche contre les invasions

turques. La rivière traverse tranquillement la
ville entre deux talus gazonnés, et c'est à
peine si quelques vieilles maisons, répandues
sur ses rives, ont survécu aux démolitions
qui ont fait de Laibach une ville presqu'entièrement moderne. Inutile d'y chercher un édifice : le seul monument qu'elle possède est le
buste disproportionné du vainqueur de
Novare, érigé par la bourgeoisie sous les
arbres de la Stern-allée. En somme, Laibach
serait parfaitement inconnu sans le célèbre
congrès qui s'y est tenu en 1821, et n'a laissé
dans la ville d'autre trace qu'un café qui porte
encore son nom.

A la gare, nous trouvons une animation
inaccoutumée : les officiers ont mis leurs gants
les plus frais, et le buffetier son plus bel habit
noir, pour attendre l'express de Vienne ame-
nant la Princesse Impériale. Pendant l'arrêt
du train, Son Altesse demeura accoudée à la
portière du wagon, s'entretenant avec les auto-
rités venues pour lui offrir leurs hommages, et
répondant aux vivats de la foule avec une
gracieuse simplicité. La jeune Princesse était
toute charmante avec son costume marron à
gilet de satin blanc, et cette future impératrice, voyageant dans le même train que le
dernier de ses sujets, nous fit involontaire-

ment songer à nos politiciens besoigneux qui n'avaient jamais mis le pied dans une voiture de 1ʳᵉ classe avant le jour où ils y sont montés aux frais des actionnaires, et qui croiraient aujourd'hui compromettre leur dignité, s'ils ne commandaient un train spécial pour transporter leur Excellence.

De Laibach à Tarvis, le chemin de fer remonte le cours de la Save, dans un pays accidenté qui ne laisse pas reposer un instant l'attention. A droite les Alpes Carniques, à gauche les trois pics de Terglou, point culminant des Alpes Juliennes; plus loin, c'est le débouché d'une vallée pittoresque ou la tiaversée d'un viaduc imposant. — Tarvis a joué un rôle considérable dans cette mémorable campagne de 1797, où Bonaparte déploya toutes les ressources de son génie pour exécuter la marche militaire la plus hardie dont l'histoire fasse mention (1). Après avoir franchi une première fois les Alpes pour entrer en Italie, il résolut de les franchir une seconde pour marcher sur Vienne; le 20 Ventôse an v (10 mars 1797), par un froid rigoureux et plusieurs pieds de neige sur les montagnes, Bonaparte quitta ses cantonnements de l'Adige: il

(1) Thiers, *Histoire de la Révolution Française*, ch. viii.

avait ordonné à Joubert de rejeter les Autrichiens de l'autre côté du Brenner, à Masséna
de marcher sur Bellune et de s'emparer du
col de Tarvis, pendant que lui-même, après
avoir forcé le passage du Tagliamento, se ra-
battrait sur ce point pour franchir les Alpes,
opèrerait sa jonction avec Joubert arrivant
par le Pusterthal, et marcherait sur Vienne
avec toutes ses forces réunies. Masséna com-
mença le mouvement au centre, remonta la
vallée de la Piave et bouscula les Autrichiens
à Longarone, où nous l'avons vu faire prisonnier le général Lusignan qui avait essayé de
l'arrêter ; puis, tournant à droite, il attaqua
Osoppo et, poussant toujours les Autrichiens,
il s'empara des gorges de Pontebba et marcha
sur Tarvis. Cependant l'archiduc Charles,
battu par Bonaparte au passage du Tagliamento en même temps qu'il apprenait la
marche rapide de Masséna, détacha de son
armée la division Bayalitsch pour remonter
en toute hâte la vallée de l'Isonzo et défendre
Tarvis. Masséna, redoublant de vitesse, réussit
à occuper ce col, fermant ainsi le passage à la
division ennemie déjà menacée sur ses der-
rières par l'avant-garde de Bonaparte. De la
possession de Tarvis dépendait donc l'issue de
la campagne : si les Français réussissaient à

occuper cette position, ils étaient maîtres des
Alpes et prenaient la division Bayalitsch tout
entière. L'archiduc Charles réunit ses forces à
Villach, monte à l'assaut du col et parvient
à s'en emparer ; Masséna, décidé à reprendre
coûte que coûte cette position, l'attaque de
nouveau le 25 mars. On se bat au dessus des
nuages, au milieu de la neige et des préci-
pices, les Autrichiens font une défense héroïque, mais Masséna finit par l'emporter, et
l'archiduc se voit forcé d'abandonner Tarvis
et de sacrifier la division Bayalitsch, qui dut,
quelques jours après, mettre bas les armes.

A Tarvis, on prend la grande ligne de Venise à Vienne jusqu'à Villach, où on tombe
dans la vallée de la Drave. — Villach est une
jolie petite ville. rebâtie complètement après
le tremblement de terre de 1348, où le
Dobratsch s'écroula en ensevelissant dix villages. Une chapelle, le plus haut édifice de
l'Autriche, s'élève au bord du précipice, à
2.040 mètres d'altitude. La vallée de la Drave
est riche, verdoyante, les villages avec leurs
toits rouges ont l'air heureux, et de nombreux
châteaux, étagés au flanc des collines boisées,
viennent encore égayer le paysage; puis les
forêts font place à des dolomies aux formes
bizarres, et nous franchissons la frontière tiro-

lienne pour arriver à Lienz. C'est une petite
ville proprette avec des maisons peintes en
blanc et un gros château du xvie siècle, dont
la façade, soigneusement badigeonnée, est flan-
quée de deux tours à coupoles précédées de
deux grands peupliers. A Lienz, la Drave reçoit un affluent trois fois plus considérable
qu'elle-même, l'Isel, dont nous allons maintenant remonter le cours.

La vallée, bordée de sapins et de pâturages,
présente l'aspect de n'importe quelle vallée
tirolienne ; la route est jalonnée de christs et
d'ex-voto semblables à ceux que nous avons
vus dans l'Œtzthal, mais ici les femmes n'ont
su qu'imaginer pour leur coiffure : elles ont
fini par mettre des bords à un entonnoir dont
elles ont fait un chapeau. La route passe au
pied d'une forteresse féodale blanchie à la
chaux et transformée en brasserie, mais après
Huben, la vallée se rétrécit et le chemin cesse
d'être carossable. Enfin, voici Wendisch-
Matrei, grand village admirablement situé
entre les glaciers du Gross-Venediger et du
Gross-Glockner, dans un carrefour pittoresque
formé par quatre gorges, au pied d'un vieux
burg transformé en pension. Comme son nom
l'indique, Wendisch-Matrei est wende, c'est-
à-dire slave ; nous y observons cependant une

coutume empruntée aux habitants du Ziller-
thal : la fontaine du village est surmontée
d'un Saint-Florian cuirassé, coiffé de la salade
du xvi⁰ siècle, et versant un seau d'eau sur
une maison qui brûle à ses pieds.

L'une des plus célèbres excursions des environs de Wendisch-Matrei est celle du Kals-
Matreier-Thoerl : le sentier grimpe sous bois
et ne tarde pas à surplomber le ravin du Bur-
gerbach déchiré par les éboulements, puis,
après trois heures et demie d'une montée
assez pénible, on finit par atteindre le sommet
du col, à 2.205 mètres d'altitude. Là on trouve
une croix de bois, une mauvaise auberge en
planches et un panorama assez étendu : au
premier plan, une grande pente toute nue fait
reculer une succession de sommets neigeux,
au milieu desquels se détache la pointe du
Glockner, tandis qu'à droite la vallée s'enfonce dans un repli de la montagne ; mais
franchement, la vue du Kalser-Thoerl ne mé-
rite ni la réputation qu'on lui a faite, ni l'ascension qu'elle exige. — Une heure et demie
de descente au milieu des pâturages et des
mélèzes conduit au fond de la vallée, à Kals,
où l'on compte autant d'auberges que de maisons et autant de guides que d'habitants. Les
alpinistes convaincus gravissent le Berger-

Thoerl et traversent le glacier de Pasterze pour descendre de l'autre côté du Glockner dans la vallée de Fusch : c'est une course de trois jours. Plus modestes, nous nous contenterons de regagner l'Iselthal en descendant la vallée de Kals : ses imposantes murailles de rocher, une jolie cascade, le sentier étroit suspendu au-dessus du précipice, tout concourt à faire préférer la descente du Kalserthal à la montée du Kals-Matreier-Thoerl. Après avoir traversé le petit hameau wende de Stanischka, jetons un dernier regard sur la cime du Glockner, ce soir nous serons de retour à Lienz, et demain le chemin de fer nous emportera vers Innsbruck.

La voie passe dans un long défilé, vaillamment défendu par les Tiroliens en 1809, elle laisse à sa gauche la dolomie gigantesque des « Trois cordonniers » et, remontant le cours de la Drave jusque près de sa source, elle arrive à Toblach, où nous l'avons quittée au début de ce voyage. A Franzensfeste, on prend la ligne du Brenner où chaque station rappelle un épisode de cette glorieuse défense du Tirol qui a immortalisé les noms d'André Hofer et du capucin Haspinger. Voici Oberau, où cinq cent cinquante Allemands auxiliaires du maréchal Lefebvre trouvèrent la mort, dans un défilé que l'on appelle encore « l'écrasement des Saxons » ; plus loin, c'est la maison de poste de Mittewald, où le capucin Barberousse arrêta les Français, et Sterzing, où les Tiroliens, exaspérés par les cruautés des Bavarois, parvinrent à enfermer un détachement ennemi qui fut massacré jusqu'au dernier homme. Gossensass est presque au-dessous de la station suivante, Schelleberg, qui le domine de 177 mètres, mais il faut, pour gagner cette hauteur, faire une courbe d'une douzaine de kilomètres. Bientôt on atteint le sommet du col, a 1.362 mètres d'altitude: la station de Brenner marque la ligne séparative des bassins de la mer Noire et de l'Adriatique, et on n'a plus qu'à descendre, en traversant quantité de tunnels, pour arriver dans la capitale du Tirol.

XIII

INNSBRUCK

De magnifiques quartiers à côté de ruelles
étroites, un large torrent et de hautes montagnes, quelques édifices et de nombreux souvenirs historiques, voilà plus qu'il n'en faut pour
faire d'Innsbruck une de ces villes où le voyageur se demande s'il ne devrait pas y planter
sa tente pour le reste de ses jours. — Depuis
vingt ans, la capitale du Tirol s'est complètement transformée : aux environs de la gare,
on a percé de grandes avenues, bordées de
luxueuses constructions qui font à Innsbruck
une entrée digne d'une grande ville ; la rue
Marie-Thérèse est large comme un boulevard,

ses maisons, des xvii⁰ et xviii⁰ siècles, sont
toutes munies d'échauguettes, précédées de
tourelles en saillie et coupées de loin en loin
par un vieux pignon à silhouette anguleuse.
Au beau milieu de la rue, une svelte colonne
supporte la statue toute blanche de Sainte
Anne et, dans le fond, écrasant les maisons,
les tours, les clochers, de toute la hauteur de
ses 2.540 mètres, le Gross Solstein dresse
sa masse énorme toujours couronnée de
neige.

La rue Marie-Thérèse conduit à une ruelle
en arcades, surmontée de la vieille tour du
guet et menant à la célèbre maison « au toit
d'or », construite en 1425 par le comte François IV, surnommé « à la poche vide ». Ce
prince « jaloux de faire mentir son nom »,
disent ses biographes, fit couvrir l'élégante
échauguette ogivale de sa demeure d'une toiture en cuivre doré; s'il est vrai, comme on
l'assure, qu'elle ait coûté trente mille ducats,
le comte a été audacieusement volé par son
couvreur. Quant à l'échauguette, elle est tout
bonnement ravissante : le gothique flam-
boyant a prodigué sur son étroite façade, ses
plus fines sculptures et ses bas-reliefs les plus
délicats. En 1500, l'empereur Maximilien I y
a fait ajouter ses armes, celles de ses deux

femmes et une fresque représentant deux hommes d'armes portant la bannière impériale; au siècle suivant, de violentes secousses de tremblement de terre avaient compromis la solidité du petit édifice, on dut le restaurer en 1620, comme l'apprend le curieux chronogramme inscrit sur sa façade :

RESTAVROR POST HORRENDOS CONTINVO AÑO
ET VLTRA PERPESSOS TERRÆ MOTVS.

En prenant à droite, on arrive à l'église des Franciscains construite de 1553 à 1563, d'après les dernières volontés de l'empereur Maximilien dont le magnifique monument funèbre occupe le milieu de la nef. La statue colossale de l'empereur agenouillé repose sur un sarcophage aux dimensions imposantes, couvert de vingt-quatre bas-reliefs en marbre blanc représentant les principaux épisodes de la vie du souverain. Vingt de ces sculptures sont l'œuvre d'Alexandre Colin, de Malines : Thorvaldsen les considérait comme des chef-d'œuvre, mais on a dû les mettre sous verre et entourer le monument d'une vilaine grille enlum'née qui empêche d'en admirer l'ensemble. Autour du sarcophage s'alignent vingt-huit statues colossales dont le fini merveilleux rend, dans leurs moindres détails, les riches costumes et les armures ciselées du xvie siècle. Quelques-unes de ces statues sont admirables, celle d'Arthur d'Angleterre notamment, qui est dûe au ciseau de Pierre Vischer, le célèbre fondeur de Nuremberg; mais le choix des personnages a produit des rapprochements bizarres : Théodoric coudoie Albert-le-Sage, Clovis y rencontre Godefroy de Bouillon, et Marie de Bourgogne fait vis-à-vis à je ne sais quel Théodebert qualifié de roi de Provence. Rien ne saurait rendre l'effet grandiose produit par ces géants de bronze rangés autour du cénotaphe de l'empereur; à ce tombeau d'une incroyable richesse il ne manque qu'une chose : le corps du défunt, car Maximilien est enterré loin d'ici, aux environs de Vienne, dans la modeste chapelle du château de Wiener-Neustadt.

Dans la même église on a réuni les restes d'André Hofer, le glorieux fusillé de Mantoue, à ceux de ses compagnons d'armes Haspinger et Speckbacher. Les trois héros de l'indépendance tirolienne reposent ici sur le théâtre de leurs exploits : Tiroliens, Français, Bavarois se sont battus corps à corps dans toutes ces rues, sur ce vénérable pont de l'Inn — « Innsbrücke », — vieil invalide que l'on a dû remplacer en 1872.

A l'extrémité opposée de la ville, un arc de

triomphe dans le goût classique a été érigé,
en 1765, pour l'entrée de Marie-Thérèse et de
François; il sépare Innsbruck du long faubourg qui s'est formé autour de la riche abbaye des Prémontrés de Wilten, et fait
comme une seconde ville à la suite de la première.

Innsbruck a l'air heureux d'une ville riche,
les étrangers y affluent pendant la belle
saison, et les hôtels, trop étroits pour les recevoir, les envoient loger chez l'habitant. J'ai
été introduit de la sorte dans un intérieur
innsbruckois, chez un fonctionnaire supérieur
de l'administration des douanes, qui fait d'une
portion de son appartement une dépendance
du *Tiroler-Hof*.

Placé sur la grande route qui descend d'Allemagne en Italie, Innsbruck a emprunté à
chacun de ces deux pays quelques-unes de
leurs coutumes. En matière artistique, le goût
allemand prédomine, et il vient de se fon-
der à Wilten une école de peinture sur verre
qui, sous l'habile direction du Dr Jehlé, fait
une concurrence redoutable aux plus célèbres
ateliers de Munich. Au point de vue scientifique, Innsbruck tient une place non moins
honorable : son Université jouit en Allemagne
d'une grande réputation, et sa faculté de théo-

logie compte parmi ses professeurs des savants dont le nom fait autorité dans l'Eglise.
— Sur d'autres questions, Innsbruck se res-
sent du voisinage de l'Italie, il lui a emprunté
le style de ses églises, ses toitures plates, et
jusqu'au sirocco qui règne trop souvent.

Pendant mon séjour à Innsbruck, il m'a été
donné d'assister à un de ces terribles coups de
vent : la tempête passe par le col du Brenner,
traverse Innsbruck en arrachant quelques
arbres, ou en renversant quelques cheminées,
et vient se briser contre la chaîne de montagnes qui règne au Nord de la ville. Là, elle
biffurque : un courant rejeté vers l'Est vient
mourir à Hall, l'autre essaie de remonter vers
l'Ouest, mais il ne dépasse pas le village de
Zirl. Une particularité bien connue du sirocco,
c'est l'influence qu'il exerce sur le caractère
il donne aux gens les plus calmes une animation singulière, et mon ami, le docteur
X...., me disait avoir vu des hommes graves,
absolument maîtres d'eux-mêmes en temps
ordinaire, devenir violents, emportés, intrai-
tables, dès que le sirocco se met à souffler.
Suivant lui, les juges devraient toujours
tenir compte de cette circonstance dans l'ap-
préciation de la responsabilité.

A l'extrémité du faubourg de Wilten, une

colline, le Berg-Iscl, est affectée au tir des
chasseurs impériaux. Ils ont fait graver sur
un des obélisques qui le décorent l'inscription
suivante, qui résume bien le dévouement et le
patriotisme de cette population généreuse :

DONEC ERVNT MONTES

ET SAXA

ET PECTORA NOSTRA

AVSTRIACAE DOMVI

MOENIA SEMPER ERVNT.

13 APRIL, 29 MAI, 13 AVGVST 1809.

Ce peuple qui prodigue son sang avec un
dévouement que l'ingratitude ne parvient pas
à lasser, offre un sujet d'étude d'autant plus
intéressant qu'il s'est formé une légende autour de son histoire. L'épisode de la mort
d'André Hofer notamment a été singulièrement travesti, dans un but facile à deviner. —
Pour la seconde fois, le Tirol venait de servir
de rançon à l'Autriche, et le traité de Vienne,
sanctionnant celui de Presbourg, venait de
remettre le Tirolien sous le joug du Bavarois,
son ennemi héréditaire ; André Hofer, trahi
par un des siens, est arrêté, transféré à Mantoue il va être fusillé : l'empereur François
va-t-il intervenir pour sauver la vie de cet

homme, dont le crime est d'avoir été un
héros ? Voilà l'occasion de prouver aux Tiroliens que les revers de la patrie ont seuls pu
contraindre l'Autriche à sacrifier ses plus
fidèles sujets. Napoléon caresse la cour de
Vienne, il désire s'allier à la Maison Impériale, déjà il a signé un projet de contrat de
mariage avec Marie-Louise. Si l'empereur
d'Autriche veut sauver la tête d'Hofer, il n'a
qu'un mot à dire, Napoléon qui sollicite la
main de sa fille ne pourra lui refuser cette
grâce ; mais l'empereur François n'intervien-
dra pas et, le jour même où partira de Vienne
le consentement de l'archiduchesse, le défenseur du Tirol sera fusillé sans une protesta-
tion dans les fossés de la citadelle de Mantoue.
— Les traités de 1815 restituent le Tirol à
l'Autriche ; le premier soin de l'empereur va
être sans doute de récompenser la famille
d'Hofer et de glorifier les reliques de ce mar-
tyr, mort pour la cause qui vient enfin de
triompher ; non, la récompense se fera attendre quatre ans, et les restes d'André Hofer
resteront oubliés dans le jardin du curé de
Mantoue, jusqu'au jour où quelques officiers
de chasseurs tiroliens, quittant cette ville
pour revenir à Innsbruck, auront la pieuse
pensée de recueillir ces cendres pour les ra-

mener dans leur patrie. Ici, se place un détail
peu connu de cette funèbre odyssée : arrivés à
Trente avec leur précieux fardeau, les officiers qui avaient exhumé les restes d'Hofer se
virent arrêtés par ordre du gouvernement
autrichien, et, comme on les soupçonnait de
libéralisme, ils furent incarcérés et accusés de
violation de sépulture. Cependant, les osse-
ments d'Hofer restaient à Trente dans un
scandaleux abandon ; les Tiroliens indignés
murmurèrent d'abord, puis ils finirent par
protester assez haut pour obtenir la mise en
liberté des officiers arrêtés ; mais ce ne fut
qu'en 1834, c'est-à-dire onze ans après, que
l'empereur fit élever un monument au héros
dont il pouvait se reprocher la mort.

Le paysan tirolien n'a pas oublié cet épisode
et un de mes amis me contait, à ce propos,
l'anecdote suivante. — Quand on veut tuer
un chamois, on s'entend avec quelque braconnier de la montagne ; le soir on s'en va coucher dans son chalet, et le lendemain on entre
en chasse avant l'aurore. Mon ami, grand
chasseur devant l'Éternel, avait donc été
trouver dans la montagne un vieux braconnier
de sa connaissance et, pour passer la soirée,
ils causaient en tisonnant : naturellement, la
conversation vint à tomber sur André Hofer :

— Quel héroïsme ! dit M. X..., en manière de conclusion.

— Il en a été bien récompensé, répond le vieux tirolien.

— Comment cela ?

— Pour le remercier de son dévouement, l'empereur l'a fait fusiller.

— L'empereur François ? mais vous n'y songez pas ; vous savez bien que ce sont les Français ?

— A d'autres ! reprend le braconnier en s'animant, vous me prenez pour un sot !

Le montagnard raisonnait avec l'écrasante logique de tous les esprits primitifs, et la conversation en resta là.

— Avez-vous lu, me demandait un tirolien, la fin de l'inscription gravée dans l'église des Franciscains sur le tombeau de Speckbacher ? En voici la traduction :

La grâce de l'Empereur
*François-Joseph I*er
Lui donna une place de repos honorable
Auprès de ses compagnons d'armes
Hofer et Haspinger.

Cette « grâce » est un chef-d'œuvre d'ingratitude. De tout temps, l'Autriche a pratiqué l'indépendance du cœur, chez elle c'est une

tradition ; mais si, dans la politique exté-
rieure, l'égoïsme est parfois une vertu, pratiqué
à l'intérieur, il est toujours un danger. Jusqu'ici, le dévouement légendaire du paysan tirolien pour la Maison Impériale est resté immua-
ble, et l'ingratitude n'a pu ébranler sa fidélité
séculaire ; les montagnards que nous avons
vus dans l'Arlberg et dans l'Œtzthal, se ren-
dant à Innsbruck pour défiler devant l'empereur, avaient le même enthousiasme, la même
ardeur que leurs pères en 1809 ; mais il n'en est
pas de même dans les villes où le parti allemand fait tous les jours de nouvelles recrues.

Ses projets, il faut le reconnaître, sont bien
faits pour frapper l'imagination ardente et
flatter les sentiments profondément religieux
du Tirolien. Le jour où l'Autriche perdra ses
provinces allemandes, six millions de catholiques entrant dans l'empire germanique pourront faire pencher la balance de leur côté, et
nous verrons peut-être le Saint-Empire romain renaître plus puissant que jamais.

Qu'est-ce que ces troncs pour l'Œuvre de la
propagation de la langue allemande, placés ici
sur toutes les tables, et dans lesquels les officiers, les fonctionnaires, les bourgeois glissent
toujours quelques kreutzer ? Quel est le but
de ces manifestations où le parti allemand

recherche toutes les occasions de s'affirmer, congrès scientifiques, réunions de gymnastes ou concours de sociétés chorales? Le Tirol comme l'Autriche proprement dite, comme la Carynthie et la Styrie, est vigoureusement travaillé, et la propagande dont il est l'objet commence à porter ses fruits. N'ai-je pas entendu un ancien officier autrichien me dire : « Je suis allemand, puis allemand, encore une fois allemand, et seulement après autrichien ! »

La conclusion de tout ceci, c'est que l'Autriche tombe en morceaux ; le lien qui unit les quatorze peuples composant la monarchie austro-hongroise n'est pas assez puissant pour résister aux jalousies et aux rancunes qui les divisent. Ceux qui ne se détestent pas sont complètement étrangers les uns aux autres : qu'y a-t-il de commun, par exemple, entre le Slave que nous avons vu à Spalato et le paysan que nous rencontrons dans l'Arlberg? L'Autriche, pressée entre le panslavisme d'une part et le pangermanisme de l'autre, en arrive à chercher des compensations, comme si elle avait le pressentiment de sa fin.

FIN.

Nancy, imp. de R. Vagner.

www.ingramcontent.com/pod-product-compliance
Ingram Content Group UK Ltd.
Pitfield, Milton Keynes, MK11 3LW, UK
UKHW021524090726
13657UKWH00001B/402